HOMENS: O MANUAL DE INSTRUÇÕES

Universo dos Livros Editora Ltda.
Rua do Bosque, 1589 – Bloco 2 – Conj. 603/606
CEP 01136-001 – Barra Funda – São Paulo/SP
Telefone/Fax: (11) 3392-3336
www.universodoslivros.com.br
e-mail: editor@universodoslivros.com.br
Siga-nos no Twitter: @univdoslivros

CLAUDIA PONTE

HOMENS: O MANUAL DE INSTRUÇÕES

São Paulo
2014

UNIVERSO DOS LIVROS

HOMBRES. MANUAL DE
LA USUARIA

Diretor editorial
Luis Matos

Editora-chefe
Marcia Batista

Assistentes editoriais
Cássio Yamamura
Nathália Fernandes
Raíça Augusto

Tradução
Mayara Fortin
Renato D'Almeida

Preparação
Lilian Akemi

Revisão
Mariane Genaro

Arte
Francine C. Silva
Karine Barbosa
Valdinei Gomes

Capa
Zuleika Iamashita

Dados Internacionais de Catalogação na Publicação (CIP)
(Câmara Brasileira do Livro, SP, Brasil)

P857h

Ponte, Claudia
Homens: o manual de instruções / Claudia Ponte; tradução de [Mayara Fortin, Renato D'Almeida]. – São Paulo: Universo dos Livros, 2013.
184 p.

ISBN: 978-85-7930-678-5
Título original: Hombres, manual de la usuaria

1. Sexo 2. Relacionamentos 3. Fantasias sexuais I. Título II. Fortin, Mayara III. D'Almeida, Reanto

13-1044 CDD 306.7081

Sumário

Primeira parte: Mas... o que é isso? — **7**

1. Um homem... Do que estamos falando? — 9
2. On-Off
   Instruções para ligá-lo — 20
3. Modelos de homens — 26
4. Aprendendo uma nova linguagem
   O que ele quer dizer quando diz... ? — 34
5. Dois milhões de anos a nosso serviço — 45
6. Os top dez da espécie — 57

Segunda parte: Passe para a ação!
Como conseguir deles o que você deseja — **67**

1. Em casa — 69
2. Às compras — 80
3. De férias — 91
4. No trabalho — 105
5. Em festa — 117
6. Como amigos — 128

Terceira parte: E se não funcionar... — **135**

1. O custo do conserto — 137
2. Com selo de garantia. Reclamações — 151
3. Admitem-se devoluções — 169

Primeira parte

Mas... o que é isso?

1 Um homem... Do que estamos falando?

Muito já foi escrito sobre os homens. Na verdade, para a historiografia oficial, o sexo masculino parece ser o único protagonista de todos os eventos que aconteceram no mundo. Reis, soldados, imperadores, escritores, pintores, cientistas, filósofos, matemáticos, guerreiros, inventores, descobridores, presidentes, revolucionários... A maioria dos famosos que presumem terem movido a História são homens.

Mas isso é verdade? Todos os homens que passaram pela História foram realmente como nos são mostrados? A História é como nos foi vendida? São os varões que moveram o mundo? Os que escreveram a crônica da humanidade (que, na maioria das ocasiões, foram homens) não haveriam esquecido das mulheres protagonistas? Não haveriam ocultado os pontos fracos dos machos? Não haveriam exaltado as características masculinas e esquecido, propositalmente, sua parte negativa, o criticável, o condenável, o desinteressante e o egoísta?

Na atualidade, as coisas não mudaram. Pense nos protagonistas dos filmes. Os aventureiros, os prontos, os valentes e os poderosos são, em sua maioria, homens. Podem ser feios, velhos, gordos... mas são famosos e importantes. Enquanto que as mulheres protagonistas têm de ser lindíssimas, juvenilíssimas e simplíssimas.

Este livro não é um discurso feminista. Simplesmente deve-se dizer: "Basta! Já fomos longe demais". Vamos analisar as coisas de outro ponto de vista, o das mulheres.

Em resumo, o homem, como a mulher, tem uma série de características que o definem e o fazem particular. Isso não significa que seja melhor nem pior, é simplesmente diferente de nós, mulheres. Ao longo da História, a imagem dos homens foi vendida de uma maneira que sempre os beneficiou, e deixaram que o papel feminino fosse simplesmente o de complemento aos seres masculinos.

Para que possamos nos relacionar com os homens obtendo os melhores resultados (em todos os níveis, seja como amigo, como companheiro, como um caso esporádico ou como parceiro), é necessário conhecê-los bem e a fundo, e, sobretudo, a partir de nosso ponto de vista. Se, além disso, o fizermos de uma forma espontânea, tiraremos um grande proveito deste livro.

O que é um homem

Segundo o Dicionário Houaiss da Língua Portuguesa[1], em uma de suas definições, um homem é um "indivíduo do sexo masculino". Para nossos propósitos, o homem é um animal (e se comporta como tal em muitas ocasiões) do sexo masculino, com uma série de características físicas que o diferenciam do ser humano do sexo feminino. Possui também uma variedade de traços psicológicos que faz com que atue, quase sempre, de maneira igual. Além disso, a educação que recebe ao longo dos anos e seu papel na sociedade também o definem.

Mas não vamos nos aborrecer. Comecemos com alguns exemplos para entender tudo o que os faz diferentes das mulheres e que explica seu papel social.

Seu físico

- **Seus músculos.** Na melhor das opções, o homem é caracterizado por suas formas angulosas e pelos músculos marcados nos braços, nas pernas, no peitoral e no abdômen. Supõe-se

---

1 HOUAISS, A. *Dicionário Houaiss da Língua Portuguesa.* 1 ed. Rio de Janeiro: Objetiva, 2009.

que tal propriedade se mantém desde quando o homem tinha de utilizar sua força física para conseguir comida e para se defender dos perigos. Agora já não necessita dela para essas questões puramente animais, mas muitos homens gostam de passar horas e horas fazendo exercícios físicos enfadonhos na academia para marcar essas formas tão características. E para quê? Porque um torso nu musculoso vende muito! É um dos elementos físicos que vão utilizar como modo de atrair o sexo oposto e mostrar seu potencial diante do mesmo sexo. Porque nós, mulheres, gostamos dos músculos masculinos. Todas nós gostaríamos de ter alguma vez nos braços um elemento que produz tanta alegria à visão. No entanto, pense que nem tudo na vida gira em torno disso e que, geralmente, muito músculo está associado a pouco cérebro. A não ser que estes sejam fruto de muito trabalho ou da prática de um esporte que requer um grande esforço. Estes últimos tipos de músculo e seus possuidores são muito mais recomendáveis.

- **Sua flacidez.** Agora, na maioria dos casos, no lugar de um desenho de tablete de chocolate no abdômen, percebe-se uma redondeza proeminente (eles preferem que seja chamada de "barriguinha") que normalmente denota um excesso de vida boa, um grande consumo de cerveja ou descuido da forma física. Não faz mal que tenham barriga; às vezes, inclusive, ela está associada a pessoas mais bondosas e mais preocupadas com seu cérebro do que com seu físico. Mas também pode significar que esse homem é uma pessoa que não se preocupa em absoluto com sua aparência. Esse tipo de homem não nos interessa para nada. Porque aquilo que falam, "o homem é igual ao cachorro, quanto mais feio, mais charmoso", seguramente foi dito por algum preguiçoso que não estava disposto a fazer algum esforço para melhorar sua aparência física e alegrar a visão das pessoas do sexo oposto.

- **O pelo ou a falta dele.** Outra característica física singular é a presença do pelo em grande parte de seu corpo. Existem seres masculinos nos quais ele ocupa somente as pernas e um pouco mais. Mas também há os verdadeiros "homens-lobo".

Não se pode dizer que isso sirva para determinar a forma de ser de cada homem (pelo menos por enquanto não existem trabalhos científicos que afirmem isso), mas é certo que o pelo ou a falta dele no corpo são elementos de atração. Agora existem muitos representantes do gênero masculino que tentam apagar de sua pele esse resto de seus antepassados com dolorosas sessões de depilação. Pensam que ser peludos os faz menos atraentes. É questão de moda! É verdade que, atualmente, nós, mulheres, manifestamos certa repulsa por umas costas cheias de pelos. Mas logo nos adaptamos ao que temos porque se deve aceitar as características físicas sobre as quais não se pode fazer nada (é o mesmo que ter o nariz grande ou os olhos azuis).

- **A barba.** A presença do pelo no rosto, que é outro elemento eminentemente masculino, é uma característica que nos transmite como é ou como quer ser o homem que existe por trás dela. A barba comprida normalmente é associada a um comportamento cult, moderno. Geralmente está acompanhada de uma cabeleira, de *dreads* ou similares. A barba bem feita costuma ser relacionada a uma pessoa que cuida muito de sua imagem e que tem um estilo próximo ao clássico. A barba "por fazer" foi durante um certo tempo um sinal viril que parecia atrair as mulheres (o clássico aspecto no estilo Indiana Jones), mas não nos deixemos enganar, uma coisa é essa barba bem arrumadinha (o que significa que o homem é muito vaidoso: ele faz como se não se cuidasse, mas, sim, ele se cuida) e outra coisa é a mesma barba sem nenhum cuidado, a que se pode chamar também de "barba rala", e que normalmente significa que esse ser masculino se olha pouco ao espelho, ou que até se olha, mas dá no mesmo. Depois, estão todas as possibilidades de cavanhaques e costeletas associadas a homens vaidosos, mas de estilos menos clássicos. Normalmente, são estilos de época que costumam copiar de algum músico ou ator da moda. Esse tipo de estética denota um homem que se olha bastante no espelho, prova coisas diferentes e quer chamar a atenção a todo custo.

- **A calvície.** Essa característica é um pouco complicada. Ainda que seja muito comum, especialmente na medida em que o ser masculino vai envelhecendo, os homens tentam dissimulá-la, e as mulheres, evitá-la. Existem os calvos precoces e os que vão ganhando entradas com o tempo no topo e nas laterais da cabeça. São poucos os que, com o passar dos anos, continuam mantendo um cabelo admirável. A calvície é uma questão genética e não determina o tipo de homem que temos nas mãos. O que é determinante é como se lida com ela. Existem os que a levam com dignidade e geralmente cortam o cabelo muito curto ou até raspam com máquina zero. Fazem da falta de cabelo sua particularidade estética e isso os faz valentes e atrevidos. E, às vezes, realçam inclusive outros detalhes físicos (os olhos, os lábios). Existem o que optam por tampar com o cabelo existente os espaços onde ele já desapareceu. Essa técnica pode acontecer em diferentes graus e há os que alcançam resultados realmente horripilantes. Porque, por mais que queiram esconder a falta de cabelo, no fim das contas ela aparece e fica muito pior do que se a aceitassem e ponto. E, para acabar, podemos identificar aqueles que têm a parte superior da cabeça calva e, mesmo assim, deixam o cabelo crescer nas laterais, inclusive com jubas. É difícil definir esse grupo: moderno? Pouco preocupado com sua estética? Adorador de tempos passados?

- **Seu membro viril.** Seguramente, essa qualidade masculina deveria ter aparecido em primeiro lugar, porque é o que ocorre primeiro a todo mundo na hora de diferenciar um macho de uma fêmea, e porque a importância desse elemento no comportamento masculino é tão grande que se pode, sem problemas, dar a ele um capítulo. O pênis (o qual se denomina de mil maneiras diferentes, algumas engraçadas e outras totalmente vulgares) é um membro que forma parte do aparato reprodutor masculino situado entre as pernas, de tamanho variável, que, em estado de repouso, é flácido e que, em situação de excitação (real ou imaginária), adquire mais volume e comprimento e deixa de apontar para o chão e passa a apontar para o céu.

No entanto, o pênis é muito mais do que isso: é o elemento que denota a virilidade masculina; é o músculo que dirige grande parte de seus pensamentos e comportamentos. O comprimento do falo masculino é muito importante para eles. Ter um pequeno é quase um insulto. Encantam-se em dizer que possuem um grande e se gabam por sua proporção e pela quantidade de vezes que conseguem manter a relação sexual em uma noite por conta do tamanho. Também existem os que fazem uso da frase "O importante não é a quantidade, e sim a qualidade" por não terem um membro grande, mas é certo que eles têm mais razão do que aqueles que medem seu poder sexual pelo tamanho do órgão.

Muitas mulheres consideram que o homem não pensa com a cabeça, mas, sim, com o pênis. Que todas as suas reações se devem a impulsos sexuais. Que são capazes de qualquer coisa para "molhar o biscoito". E que quem diz o contrário está mentindo. Ainda que pareçam afirmações totalmente frívolas e feministas, não estão de todo erradas. Foram feitos estudos que demonstram que a ação da testosterona (um hormônio produzido pelos testículos) no cérebro masculino é muito importante. E, como produzem muita testosterona, é normal que os impulsos sexuais influenciem todo o restante.

Mais adiante, falaremos dos comportamentos do macho com cuidados próprios dos seres masculinos. Para acabar este tópico, vamos nos aprofundar um pouco nas características visuais do falo masculino. Se ele é tão importante, temos de conhecer todas as suas propriedades. Realmente, é um elemento pouco estético do corpo. Um homem totalmente nu com essa coisa pendurada não é muito atraente. Por isso, eles gostam de sugerir. Modas como as das calças *big* ou *skinny* não deixam de ser técnicas para segurar o que há dentro delas.

Suas formas de pensar e de agir

O homem animal. Boa parte das atitudes do homem é inata ao gênero animal e tem mais de reação visceral e genética que de comportamento reflexivo. A que me refiro? Quando o homem age, ele nos lembra muitas vezes dos primeiros hominídeos ou o

Homo sapiens em sua época pré-histórica. O homem se move para proteger sua propriedade, para lutar a fim de conseguir prole e para marcar o território.
Sim, concordo. Nem sempre suas atitudes são irracionais e animais, mas em muitas ocasiões o são. E isso não significa algo ruim. Para eles, esse instinto seguramente gera grandes benefícios e poucos remorsos. Mas também, em razão desse comportamento ancestral, dizem coisas sobre os homens como as seguintes...

No âmbito social

1. **Adoram competir** com os que são como eles. Desfrutam dos confrontos. A tensão aumenta os níveis de testosterona. Para isso, optam por se exibir e reivindicar sem discrição suas qualidades e, especialmente, aquilo que seja viril. Assim, podemos encontrar muitos cavalos, galos e machões de todas as idades e condições. Todos os homens alguma vez alardearam por seu pênis ou sua força física. E essa competição acontece tanto em uma discoteca como no trabalho ou em uma partida de futebol.

2. **Pensam que são obrigados a ser líderes.** Creem que devem dominar a pirâmide do poder porque o mundo depende disso. Ter alguém sempre por baixo dá prestígio a eles e faz com que se sintam bem. São ambiciosos e apaixonados por organizações com uma placa com seu nome ou por carros oficiais. É como se ainda tivessem de ser os líderes da tribo que defendem seu grupo, seu povo ou sua família dos ataques dos animais selvagens. Perder sua posição de poder ou não alcançá-la é motivo de enorme depressão.

3. **São mais sociáveis** que as mulheres, porém, em geral, arrumam briga com os de condição igual quando se sentem perseguidos ou em perigo. Não se importam se aquilo que defendem é justo, mas sentem simplesmente que estão ameaçados e que devem deixar claro que eles são os dominadores.

4. **O que é deles vem sempre primeiro** e é o mais importante, e são imprescindíveis em seu posto. São convencidos da importância daquilo a que se dedicam (seja trabalhar, jogar uma partida de tênis, ir à academia, baixar música da internet etc.). Não vão renunciar "suas coisas" por outras responsabilidades compartilhadas, como no caso da família. Creem que seu trabalho é o mais importante e não vão mudar para poder ter um horário livre que os permitam buscar o filho no colégio, por exemplo.

5. **Têm a autoestima nas nuvens.** Não vão refletir sobre a hipótese de alguma das qualidades anteriormente mencionadas poder ser melhorada ou se é mais apropriada aos animais que às pessoas. Eles estão convencidos de que fazem o bem e ponto.

Como são seus sentimentos

Um dos problemas principais na relação entre homens e mulheres é que as formas de pensar e de sentir são totalmente diferentes. Se não sabemos a que nos ater, essa questão vai nos trazer muitos problemas, como pensar em coisas do tipo: "Ele não me quer", "Ele não me entende", "Ele não é sensível", "Ele não é romântico"...

No que diz respeito à reflexão e aos sentimentos, poderíamos dizer que os homens estão entre "planos" e "quadrados". Ou seja, todo o contrário de rebuscados, complicados ou retorcidos. Pensam o que nós acreditamos que pensam e sentem exatamente o que dizem sentir. Não busquemos mais aí. São como um livro aberto. Além disso, é muito difícil que deixem de agir assim. Não se desviam de seu modo de pensar ou de sentir (daí vem o "quadrados").

Dessa forma:

1. Se dizem que nos querem é verdade e se não o dizem e não o demonstram também é verdade.

2. Se são pouco românticos é porque são pouco românticos e porque não veem necessidade de ser mais. Não espere que o sejam por nós, porque o farão relutantemente, contra sua vontade, e o resultado será nefasto.

3. Se parece que querem sexo, eles querem sexo.

4. Se parece que tudo o que fazem é para conseguir sexo, é isso mesmo. Além disso, eles não vão se incomodar caso você aponte essa característica.

5. O sexo é básico em sua vida e estão dispostos a fazê-lo a todo momento. É uma questão de física e química. Recordemo-nos que eles se movem por instintos animais, e os animais buscam, antes de tudo, a reprodução e a existência de uma prole.

6. Não entendem as duplas intenções das mulheres. Ficam com o que dizemos e não com o que queremos dizer. Dessa forma, seja clara e concisa se pretende alcançar propósitos.

7. São pouco emotivos, e a maioria não chora nem mesmo quando apanham. Pensam que não vale a pena demonstrar esses tipos de emoções porque não se consegue nada de positivo com elas e porque servem somente para demonstrar fraqueza.

8. Para eles, as mulheres que choram e mostram suas emoções são fracas. Não entendem que a emotividade é algo fantástico que nos faz humanos e que nos diferencia dos outros animais.

9. São menos calculistas que as mulheres e muito mais viscerais. Não pense que ele havia planejado conscientemente fazer as coisas que você não gosta que ele faça. Elas simplesmente saíram assim.

10. Não entendem as mulheres e nem vão fazer nenhum esforço para entendê-las. Parecemos retorcidas e com dúvidas demais para eles. Alguns nos aceitam assim e outros simplesmente nos usam. É preciso conhecer que tipo de homem temos nas mãos para saber a que nos ater.

E, além disso, eles têm uma ideia muito diferente da nossa sobre o que é a relação de casal. São, no geral, mais flexíveis que as mulheres na hora de passar de uma a outra sem nenhum problema.

Para eles, em muitas ocasiões, o sexo sem amor não é incompatível com o verdadeiro amor. Quer dizer que podem buscar uma diversão só por sexo, e isso não é inconciliável com uma relação séria. E mais, não têm nenhum remorso na hora de fazê-lo nem pensam que isso será ruim para o casal. Agora, na maioria das vezes, eles não explicam o porquê disso. Ainda que não tenham arrependimentos, sabem que para ela não cairá nada bem essa sua *flexibilidade*.

No entanto, a coisa muda quando se trata de entender um comportamento similar na mulher. A maioria dos representantes do sexo masculino é ciumenta e não aceitaria a flexibilidade sexual de sua companheira. Eles nem mesmo aceitam, muitas vezes, que a companheira olhe para outros.

Não estranhe esse comportamento masculino. Lembre-se de que se parecem muito com os animais e que agem por instinto. Sua atitude é similar à dos gorilas machos que possuem várias fêmeas para garantir sua prole.

Isso não quer dizer que tenhamos de aceitar sem reclamar essa posição masculina (ou machista). Sempre podemos dizer que preferimos parecer aos chimpanzés que aos gorilas. Os chimpanzés mantêm relações sexuais toda a hora. Tanto os machos como as fêmeas são muito promíscuos. Diga a seu homem que, se ele se comporta como um gorila, você se comportará como um chimpanzé. Certamente você encontrará no reino animal a forma de estarem de acordo.

São uma negação para os trabalhos domésticos? Ou dizem ser?

Sem dúvida, uma das características mais típicas e triviais do sexo masculino é a total negação para as tarefas domésticas. Ou, pelo menos, é o que eles dizem. A maioria não sabe esfregar, comprar ou passar. Por acaso você nasceu sabendo executar todas essas tarefas?

Diante dessa tendência que traz poucos benefícios para o gênero feminino (já que também não gostamos de limpar, nem de esfregar, nem de passar, nem de lavar, nem de dobrar roupa), deve-se encontrar onde está a causa que a provoca.

1. **Na educação.** Por mais que a sociedade tenha mudado, os homens continuam sendo educados de uma forma diferente

das mulheres. Eles são educados para mandar e dirigir. E as tarefas domésticas não se encontram nesse campo.

2. **Eles adoram mandar** e ter pessoas a seu dispor. Em casa acontece o mesmo. Se já existe outra pessoa que faz o trabalho doméstico, para que vão se preocupar em saber como fazer essas coisas? Eles delegam.

3. **São pouco reflexivos.** Para levar adiante um lar, necessita-se de pessoas muito proativas que saibam de economia, de recursos humanos, de manutenção etc. Cabe recordar que eles são "planos". Se não há um manual de instruções que deixe claro o que devem fazer, é difícil que se proponham ao que é necessário: ainda que a roupa suja esteja saindo do cesto, não vão pensar em colocá-la na máquina; ainda que o *freezer* esteja vazio, não vão pensar em fazer compras; se os vidros estão sujos e não se pode ver a rua, não vão pensar que é necessário limpá-los.

Para combater esses problemas, deve-se pagá-los com a mesma moeda:

1. **Conceda a eles a autoridade do lar.** A partir de agora, eles dirigem a manutenção do lar; que façam e desfaçam seus caprichos.

2. **Deixe instruções claras** da vida doméstica. Certamente, programar a máquina de lavar não é tão diferente de baixar música na internet. Se for necessário, que coloquemos as instruções para eles por escrito.

3. **Nunca tente pensar mais que eles.** Não podemos solucionar sua caderneta. Os homens devem encontrar os problemas e atuar como se fosse seu trabalho.

2 On-Off
Instruções para ligá-lo

Parabéns! Você conseguiu seu homem ideal, seu par perfeito, a metade de sua laranja, essa pessoa incrível que a faz vibrar, que a complementa e que a faz sentir feliz, única e invejada. Você se reconhece com essa descrição? Então quero parabenizá-la, porque você entrou para o seleto clube das mulheres sortudas que conseguiram achar – entre tantas mercadorias – um homem que vale a pena. Uma tarefa às vezes mais complicada do que encontrar um melro branco ou um unicórnio, um elfo ou um terrível fauno.

Vá para longe com ele, damos-lhe as boas-vindas ao Olimpo das deusas. Sua tarefa, a partir de agora, vai ser – se possível – ainda mais complicada, já que você deverá manter seu amor e lutar para fazer de sua relação uma experiência realmente especial. Compartilhar com seu homem muitas coisas, desfrutar de sua companhia e de todas aquelas coisas que vocês têm em comum.

Mas você precisa mesmo ter seu Apolo ativado e à sua disposição 24 horas por dia, durante os sete dias da semana? Certamente que, por mais ideal que seja seu companheiro, você precisará desfrutar de muitas outras coisas: do seu círculo de amizades, da sua família, dos seus companheiros de trabalho, dos seus passatempos, de uma tarde em um spa, de uma sessão integral de beleza ou de uma tarde preguiçosa com sofá e televisão só para você.

Você vai precisar de tempo para "aquelas pequenas coisas", como diria o poeta. Algumas vezes, atividades tão habituais, como ir às compras com sua mãe, beber com seus colegas de trabalho, conversar com uma vizinha, passear com o cachorro ou ir ao cinema com uma amiga para ver um filme romântico se convertem em autênticos prazeres, em vitaminas para o espírito e em pequenas peças que configuram o enorme e complicado quebra-cabeça dos relacionamentos humanos e sociais.

Então, você se perguntará: e agora, o que faço com meu companheiro? O que hei de fazer para que volte ao meu lado quando eu precisar? O segredo está em saber ativá-lo e desativá-lo de tempos em tempos, em conhecer esse interessante dispositivo que todos os homens possuem e que nos permite ligá-los ou desligá-los à vontade. Chamamos isso de botão "on-off".

Como ativá-lo... e desativá-lo!

Leve em conta que existem algumas situações que, por si mesmas, fazem com que seu homem se ative ou desative sozinho:

Ele se ativa sozinho quando você...

- o surpreende com uma cena com velas e um modelito sugestivo;
- dá uma escapadinha romântica com ele;
- propõe uma tarde relaxante só para os dois;
- estreia um novo conjunto de roupa íntima;
- o presenteia com uma massagem relaxante e uma taça de vinho;
- propõe... Você certamente conhece bem seus gostos e saberá como surpreendê-lo agradavelmente.

Ele se desconecta sozinho quando...

- transmitem futebol, automobilismo ou qualquer outro esporte na televisão;
- seus amigos organizam uma partida de pôquer;
- suas amigas vêm visitá-la;

- sua mãe vem visitá-la;
- cai em suas mãos um manual de instruções de qualquer aparato eletrônico (desde um transistor a um Wii, passando por um computador, um *palmtop* ou uma batedeira).

Como você descobrirá durante as páginas deste livro, nem todos os homens se regem pelas mesmas regras. Você certamente conhece algum que é completamente "inclassificável", cujo perfil não corresponde a nenhum dos descritos. São homens que estão acima das normas, dos inventários, das fórmulas e dos manuais. Mas, ainda assim, a maioria tem muitas coisas em comum.

Quando e como você deve ativá-lo

Para comentar o processo de ativação masculina, vou me referir a uma piada realmente ruim que corre por aí e que diz algo como: "Qual a semelhança entre os homens e a pizza delivery? É que, com um telefonema, aparecem na porta da sua casa em dez minutos e quentinhos". Pois bem, essa seria uma forma mais simplista de descrever o processo de ativação – o *on* – nos homens. Nada tão singelo como insinuar a possibilidade de sexo para que acudam como abelhas num favo cheio de mel.

Não faria mal algum se você tomasse algumas notas sobre o correto funcionamento do exemplo de "homem ideal" que você levou para casa. O fato de você considerar seu par um semideus e, por isso, sentir-se a mulher mais feliz do planeta, não tem de influenciar seu relacionamento de igual para igual. Seu parceiro não tem por que ser consciente disso se você não quer que ele comece a tratá-la com distância. Não é necessário que você repita constantemente o quão maravilhoso ele é, o quão bem ele a faz sentir e o quão sortuda você é porque um ser tão especial como ele se prendeu a você, pobre mortal. Se você o fizer se sentir tão especial, vai conseguir somente que ele saia correndo atrás da barra da saia da primeira jovenzinha charmosa que cruzar seu caminho e que ele a confunda com alguma divindade pagã.

E mesmo que você não se vista com leves túnicas nem use uma coroa de louros ou tenha nascido entre as ondas do mar, rodeada de arraias, você também é uma mulher maravilhosa. Reconheça seu valor. Mostre seus encantos, suas conquistas e suas formas de ver e entender a vida. Se ele a escolheu, alguma razão ele teve.

Vamos pensar em seu homem como um presente que a vida deu a você. Imagine-o como um bem precioso que chega embrulhado em um bonito pacote, com uma embalagem luxuosa e um laço espetacular. Mesmo que a envoltória seja de primeira, você não deve se deixar levar por sua aparência, já que você ficaria somente com a parte mais superficial e vazia. Mesmo que a beleza exterior seja impactante, se você quer conhecer seu autêntico valor, deverá buscá-lo em seu interior.

De certo modo, homens e mulheres têm sido, tradicionalmente, bastante diferentes nesse aspecto, com comportamentos muito distintos. O homem – especialmente o homem maduro e com uma posição social destacada – somou a seus êxitos pessoais e profissionais a companhia de uma mulher jovem e bonita. Para ele, trata-se de uma demonstração a mais de reconhecimento social. Como se a beleza fosse a cereja que coroa o bolo, um adorno a mais e uma mostra de poder material e de sedução, com o qual poderá competir com seus iguais. Em definitivo, um triunfo a mais em seu currículo.

Já nós, mulheres, não ficamos – por regra geral, porque tudo pode acontecer – com o exemplar masculino mais belo que encontramos no mercado somente para exibi-lo diante das amigas ou na fila do cinema.

Mas voltemos ao nosso presente perfeitamente embalado. Precisamos descobrir pouco a pouco o que se esconde abaixo da primeira capa que cobre nosso homem, aquilo que existe por trás dessa aura da paixão que nos encantou nos primeiros tempos. O início da convivência pode destruir muitos mistérios e fazer desaparecer muitas lendas.

Tome nota de alguns conselhos que podem ser muito úteis para que o amor e a paixão se mantenham como no primeiro dia. São as melhores fórmulas para ativar seu homem e sua paixão:

1. **Ative as operações de seu parceiro logo de manhã** (botão *on*) com beijos e carícias. Será a melhor forma de começar um novo dia juntos e de encarar os problemas com uma expressão melhor. Repita a operação durante o resto da jornada, atuando conforme a demanda, quantas vezes forem necessárias.

2. **Carregue suas baterias** (botão *on*) com atividades lúdicas frequentes, realizadas de forma conjunta: uma cena íntima,

uma noite de dança, uma escapadinha romântica e, especialmente, fazendo amor com toda a calma do mundo.

3. **Compartilhe com seu parceiro uma boa mesa,** especialmente nos fins de semana (botão *on*). Um bom café da manhã ajuda a ativar todos os sentidos e a enfrentar o dia com energia e bom humor. Um almoço familiar ou com amigos é a melhor forma de manter relações sociais saudáveis, enquanto um bom jantar pode ser o prelúdio de algo muito melhor...

4. **Tente manter boas relações com o entorno social mais imediato dele:** sua família e seus amigos (botão *on*). Você vai conseguir sustentar a empatia com seu parceiro, e ele se sentirá muito mais cômodo e relaxado se souber que os mundos são compatíveis entre si. Isso ajudará a fazer com que ele também esteja mais integrado a seu entorno social. Mas lembre-se de que, se você não suporta os amigos ou a família dele, não deve fazer esforços desnecessários que somente servirão para amargurar sua vida e fazer as coisas irem de mal a pior. É que existem coisas que simplesmente não podem ser, que são impossíveis.

5. **Desative-o com frequência** (botão *off*), quando achar necessário. Encarregue-o de algumas tarefas domésticas (botão *off*) que a deixam enfastiada: trocar lâmpadas, fazer a manutenção do carro, pendurar quadros...

6. **Proponha que ele saia com os amigos** (botão *off*). Certamente, seu parceiro gostará muito de praticar esportes, competir, assistir a um jogo de futebol na televisão ou, por que não, sair de balada com eles. Você terá caminho livre para ficar com as suas amigas, fofocar e se divertir.

7. **Uma forma maravilhosa de desativá-lo à noite** (botão *off*) é oferecer uma noite de sexo de primeira. Você conseguirá fazê-lo dormir como um urso, descansar e repor forças. Outra vantagem dessa proposta é que ela também será benéfica para você. Saiba que tudo aquilo que se faz a dois é duplamente satisfatório.

8. **Não mostre entusiasmo especial** diante daquelas atitudes ou ações que você considera serem habituais e lógicas. Nunca aplauda se seu homem é capaz de deixar a roupa suja no cesto. Isso é o que ele deve fazer, não é um favor a ninguém.

9. **Conserve seu homem em um lugar seguro.** Lembre-se de que ele é o sexo frágil do casal.

10. **Mantenha-o fora do alcance** de vizinhas e amigas invejosas, especialmente daquelas que se mostram especialmente solícitas. Essas podem causar estragos.

Agora é sua vez. Coloque em prática tudo o que você aprendeu

Para que servem os homens? Uma vez alguém me disse que serviam para fazer guerras e para fazer amor. Mas, como eu sou profundamente antimilitarista, antibelicista e anti tudo aquilo que envolva violência, ódio ou discriminação, fiquei unicamente com a segunda parte da definição: o homem serve para fazer amor.

Dito tudo isso, somente me sobra desejar que você desfrute da companhia de seu homem ideal, que seja capaz de deixar para trás as possíveis falhas apresentadas pelas múltiplas virtudes que ele seguramente tem.

E lembre-se de que os homens, por regra geral, não costumam trazer carimbado o certificado de garantia por dois, cinco, dez ou vinte anos. Seu bom funcionamento depende mais de sorte e azar que de um documento oficial.

Além disso, o custo das reparações é sempre muito, mas muito elevado, o serviço pós-venda não funciona, e o *call center* é, nesses casos, uma autêntica ilusão. A possibilidade de devolução se apresenta como a única saída em muitas ocasiões, já que sempre costuma haver uma mãe piedosa ou uma ex arrependida que voltará a acolher em seu colo o exemplar que você abandona.

3 Modelos de homens

Os antropólogos batizaram a espécie humana como *Homo sapiens sapiens*, que, em latim, significa "sábio" ou "ser racional". Seguindo essa definição, você tem certeza de que seu homem cumpre os critérios de *Homo sapiens sapiens*? Estou convencida de que mais de um deles não faz parte do grupo. Acredito, ainda, que em algum momento os cientistas se esqueceram de tomar nota e de apontar outras espécies que andam soltas por aí e que também são produto da evolução da espécie humana – e da masculina – ou melhor, de sua involução, tratando-se de homens.

Desde que o mundo é mundo, eles estão entre nós e, mais de uma vez, nos surpreenderam com suas formas de ser, falar e agir. Você conhece um, se dá mal; embarca em uma segunda experiência, com outro, e falha novamente; e de novo, com mais outro etc. No fim das contas, você acaba anunciando a famosa, mas patética, frase "todos os homens são iguais". Se você chegou a essa conclusão é porque não parou para pensar justamente o contrário: existem diferentes modelos de homens e, na verdade, cada um falhou por um motivo diferente. Conheça os modelos mais habituais, seus benefícios, como funcionam e suas possíveis falhas. Somente assim você poderá adquirir o mais útil para você.

Evolução masculina?

Do ponto de vista antropológico, dentro da espécie *Homo sapiens sapiens*, poderíamos escrever nossa lista particular de hominídeos.

Homens de outros tempos

- O ***Homo elegans*** era capaz de viajar longas distâncias pela selva em busca de folhas de arbustos e árvores com tonalidades que fizessem conjunto com sua tanga; fabricava seus próprios enfeites de cabeça com raminhos e folhas e é o inventor das coroas de flores para as mulheres. Diz-se, além disso, que ele poderia ser o verdadeiro antepassado dos estilistas modernos.

- O ***Homo coco.*** Esse é o exemplo paradigmático do *Homo sapiens*. Sacudia os coqueiros ou trepava neles até o topo para pegar um coco, do qual extraía o leite para beber. Depois, colocava o coco na cabeça como chapéu e permanecia meditando e pensando por um momento nas copas dos coqueiros, questionando-se sobre o horizonte que avistava. Provavelmente, esses foram os primeiros grandes pensadores e cientistas da humanidade.

- O ***Homo sexus,*** autêntico predecessor do homem *sexy*, era um caçador robusto, musculoso e cuja tanga chamava a atenção. Esse mito erótico das cavernas se comportava como um autêntico reprodutor e inseminava várias fêmeas de sua tribo a cada ano.

- O ***Homo gim,*** o antepassado dos esportistas modernos, passava seus dias se deslocando com cipós pela selva. Esse Tarzan do nosso passado remoto nadava para pescar e escapar dos crocodilos, corria para fugir dos predadores e utilizava o arco e a flecha para pegar suas presas, entre outras modalidades olímpicas.

- O ***Homo troca,*** do qual precede o atual homem rico e de negócios, era uma espécie de mafioso que conseguia ter as peles que mais esquentavam, as pedras mais polidas e as flechas mais afiadas. Ele as armazenava em sua caverna e as trocava com outros congêneres.

- O ***Homo eroticus***, ancestral do sedutor moderno, não somente caçava animais, mas também se perdia no bosque para a caça das fêmeas gordinhas de sua espécie, como a Vênus de Willendorf, para as quais tinha um amplo repertório de grunhidos, pulos e gestos obscenos. Por sorte, graças à evolução, essas habilidades se refinaram.

- O ***Homo casto*** era um hominídeo ascético e espiritual. Diferentemente do *Homo eroticus*, não revertia seu tempo de caça para estar com uma fêmea, mas para se dedicar a pensar nos espíritos do bosque. Entendia os elementos da natureza como deuses (o Sol, as nuvens, a Lua, as árvores e o rio) e os adorava.

- O ***Homo piadus***, predecessor do homem contemporâneo divertido, compreendeu que a risada humana era um feito diferencial e passava o dia fazendo caretas, gestos e grunhidos estranhos para escutar a risada de seus congêneres e explorar todos os seus sons e registros, desde o sorriso até a gargalhada mais sonora.

- O ***Homo marcadus*** se dedicava à caça e ao trabalho no campo até sua exaustão, de forma a ter músculos tão marcados que bem se poderia traçar um paralelo com os tipos que atualmente passam o dia "marcando" seu corpo na academia, esculpindo sua figura.

- O ***Homo madurus.*** Os homens mais interessantes na Antiguidade eram os mais velhos, pois poucos sobreviviam durante tantos anos. Esses veneráveis e respeitáveis homens das tribos mais primitivas eram os mais notáveis para o resto de seus congêneres, porque haviam superado confrontos atrozes com os animais do bosque, as inclementes variações climáticas e as lutas tribais. Esses machos se tornavam chefes da tribo e eram venerados e respeitados. Hoje, os homens de cabelo grisalho fazem referência a eles.

Homens modernos?

As espécies de homem do passado nos servem para compreender de onde viemos. Mas, para entender diante de qual deles estamos, é melhor guiar-nos por outra classificação, que varia de acordo com a evolução do homem na modernidade. Observa-se bem que o corpo humano se assemelha muito a uma máquina e é seguro que, em certos momentos da vida, um homem – cujo cérebro é mais analítico que o da mulher e cujos principais passatempos são a mecânica, a informática e a bricolagem – também pode se parecer com ela. Pense nos diferentes modelos masculinos com os quais você pode se encontrar. Diante de qual tipo de máquina ou androide você está?

- **O homem freezer:** É um tipo aparentemente frio e, pior, pode chegar ao estágio de congelamento. Para elevar a temperatura, você tem que girar a rodinha do termostato, mas, por mais que você tente, nunca vai alcançar a temperatura fumegante de um homem do Caribe. A máxima que ele pode alcançar ao dormir com você sempre será um pouco fria, morna, como a primavera em um país nórdico. Contudo, apesar de seu comportamento frio, sempre reserva em sua vida e em seu coração um espaço – como o freezer – onde colocá-la e cuidá-la para que a relação de vocês não seja maltratada. Você pode confiar a ele seus segredos e sentir-se a salvo. Ele vai guardá-los em seu "compartimento" e não os revelará.

- **O homem *vaporeto*:** É um tipo que você tem que regar (como alguém que coloca água no *vaporeto*) com muitos requebrados e gestos sensuais para que se acenda, esquente e comece a funcionar. Uma vez a ponto de bala, ele ligará como um piloto de emergência, o que pode variar entre um modelo e outro. Em alguns casos, é a expressão facial de excitado, em outros uma ereção evidente e há ainda os que apresentam um movimento de sobrancelha denunciador. Somente você sabe disso. Uma vez em marcha, limpará todas as superfícies e tubos, tanto em sentido figurado (erótico) como real. Depois de fazer sexo, esse homem se sentirá muito mais relaxado por ter expulsado todo o "vapor" que leva dentro de si e, depois desses momentos de relaxamento, você já poderá encomendar com ele uma ou várias tarefas domésticas.

- **O homem GPS:** É o típico que a persegue por todos os lados. Reconhece seu rastro por qualquer lugar que você tenha passado. É como o Jean Baptiste Grenouille de *Perfume*, dotado de um poderoso olfato capaz de distinguir todas as fragrâncias e seus feromônios. Além disso, tem como cúmplices todos os vizinhos do bairro, tem as amigas na mão e conhece seus companheiros de trabalho. A qualquer momento, pode dar um telefonema e saber onde você está. Definitivamente, é um pesadelo, um peso. Se você não o tem como parceiro e está interessada nele, não se apresse, ele te encontrará. Se você não o tem e ele não te interessa, você tem um verdadeiro problema. Você terá que aprender a pará-lo de alguma forma. E se você já o tem como parceiro, preste atenção para que ele não se torne um estorvo na sua vida diária. Esses homens chegam a tratá-la como uma menor de idade ao invés de tratá-la como uma mulher. Não permita que ele controle a sua vida.

- **O homem batedeira:** É um tipo genial, no qual você pode introduzir todos os tipos de *inputs* e ele será capaz de processá-los, misturá-los e apresentá-los como um delicioso suco de frutas. Logo de cara é compreensivo, todo ouvidos para seus problemas, alguém para quem você pode contá-los e que, depois de pensar um bom tempo, vai expor-lhe uma solução possível. Funciona com eletricidade. Dessa forma, para ativá-lo, você tem que transmitir uma corrente. Seus comentários e problemas têm que ser bem chamativos – ou apresentados dessa forma –, para que ele se coloque em marcha, comece a triturá-los em sua cabeça e os exprima logo, apresentando-lhe o melhor dos resultados: esse delicioso suco já dito antes.

- **O homem ferro de passar:** Esse homem, como seu nome indica, é de um tipo pesado e estraga-prazeres. Sempre que você estiver contente, eufórica ou feliz, ele vai se encarregar de passar o seu ânimo e fazer com que você perca a animação.

Ele a deixará "passada". E, se você estiver para baixo, ele fará o mesmo: ao invés de levantar o seu estado de espírito, ele a machucará ainda mais. No sexo, somente deixa margem para a imaginação. É simples como um ferro de passar e a tratará como uma peça de roupa. Ele a colocará na cama e passará por cima de você, na típica posição do missionário. Você se sentirá como uma torrada, como se um rolo compressor a tivesse esmagado sem você ter se dado conta. Reflita que, entre todos os modelos, o ferro de passar é um dos mais decepcionantes.

- **O homem TV:** É um homem que passa o dia grudado na televisão. Ele assiste a tudo, mas os programas de esportes são, sem dúvida, os seus favoritos. Quando a TV está em *on*, esse homem está em *off*. Nesses momentos, diante dele, sua imagem e sua voz desaparecem por completo. É como se ele estivesse em uma dimensão espaço-temporal e você em outra. Para que volte a si ou recupere o interesse em você, existem somente duas formas de tirá-lo de seu "ensimesmamento": colocando-se entre ele e a tela, tampando-a e/ou desligando a televisão. Tanto se você optar por uma opção como por outra, prepare-se para escutar palavras de raiva por ter interrompido um jogo. Assim, se você quer que ele esteja em *on*, evite que ele ligue na tomada esse poderoso instrumento que o mantém em *off* e que, a partir de agora, você deve considerar seu inimigo direto: a televisão. E, se você não pode com o inimigo, junte-se a ele. Passe a ter o comando da TV e demonstre a ele o quão decepcionante e incômodo é um companheiro de vida assim.

- **O homem rádio.** Se esse for o seu companheiro, você vai identificá-lo imediatamente. É o tipo que tem uma voz tão sensual como a de qualquer um dos locutores de rádio. Poderia competir com qualquer radialista. De fato, sua voz foi a primeira coisa pela qual você se apaixonou e que a induziu a dizer que "sim", que queria ficar com ele logo no primeiro encontro, a repetir nos seguintes e a dar o "sim, aceito" no seu casamento. O perigo desse homem é que você corre o risco de fazer tudo que ele lhe pedir, como induzida por um profundo transe. Sua voz hipnotizadora e sonífera a fará atuar como uma autêntica sonâmbula em várias situações da sua vida, obedecendo a ele sem pensar. Se esse é o tipo com o qual você divide seu lar, esteja atenta: a voz radiofônica é muito boa para que ele leia para você histórias antes de dormir ou lhe sussurre lindas palavras no ouvido enquanto vocês fazem amor, mas, em muitas circunstâncias vitais, o melhor é que você saia desse transe e tome as rédeas.

- **O homem *web*.** É esse internauta que passa horas e horas grudado à tela do computador e já não sabe fazer nada de sua vida que não tenha a palavra *virtual*. Cuidado, esse tipo pode te decepcionar muito. Ele lhe dará as típicas desculpas que dão todos eles – e você cairá facilmente – de que se inscreveu em uma pós-graduação à distância, de que está escrevendo um relatório para o trabalho ou conversando pela internet com amigos que fez anos atrás em um curso de idiomas no exterior. Mas, na verdade, estará o dia inteiro falando com peitudas, praticando sexo pela internet e se prendendo em seu mundo virtual. O que você prefere: um relacionamento de casal virtual ou real? Pense bem antes de mergulhar em um homem dessa espécie.

- **O homem *SMS*.** É um tipo que passa o dia grudado no celular. O estilo das mensagens *SMS* ocupa toda a sua vida. Quando quer estar com você na saída do trabalho, envia-lhe um *SMS*; quando lhe deseja feliz aniversário, envia-lhe um *SMS*; e inclusive quando estão em casa, envia-lhe um *SMS* pelos motivos mais diversos para não ter que levantar do sofá. Suas contas de telefone são enormes, mas até aí você não falaria nada se o cara não fosse um exemplo de virtudes. Esses homens, habituados a tal tipo de comunicação por celular, são secos em suas conversas, não lhe explicam as coisas e, não somente moderam as palavras, como fazem caras e bocas como *emoticons* =) ou =(e é você que tem que interpretar o que ele lhe diz ou tenta dizer-lhe. O inconveniente principal desse perfil masculino é que, graças à sua pouca facilidade com as palavras, podem surgir muitos mal-entendidos entre vocês; você se esgotará tentando falar e tirar dele alguma mensagem, e pode cair no mais soberano dos aborrecimentos.

- **O homem carro.** Era um homem chegado em um carro. Em vez de pernas, ele tinha rodas. E, no lugar de óculos, usava espelhos retrovisores. Você reconhece seu companheiro? Vou lhe dar mais dicas: essa classe de homens não se importa com o lugar onde vocês vão passar as férias, contanto que ele tenha uma garagem para guardar o carro; é um autêntico vagal na renovação dos móveis e na decoração de seu lar, mas usa todo o seu salário para tunar o automóvel, e demora horas e horas do fim de semana para limpá-lo, mas se esquece de sua higiene pessoal. A não ser que você seja outra apaixonada por esses males, recomendo que fuja desse chofer na velocidade da Fórmula 1.

4 Aprendendo uma nova linguagem. O que ele quer dizer quando diz... ?

Quando você prepara uma viagem de férias à savana em algum país africano, durante meses você vê documentários sobre os costumes das populações que vivem lá, leva consigo um dicionário e contrata o serviço de um guia especializado que sirva como tradutor. Inclusive, alguns de seus amigos fazem aulas do idioma que se fala por lá para tratar de estabelecer um contato mínimo com as pessoas que vão conhecer nessas semanas. E, apesar do esforço que você pensa em fazer, sabe que não vai entender nem a metade das coisas que acontecem a seu redor durante essas férias: as pessoas usarão um vocabulário que não aparece em nenhum dos livros que você comprou, realizarão com as mãos gestos incompreensíveis ou contraditórios para você e também o guia, que viveu apenas a metade da vida no Brasil, faz movimentos estranhos de noite que você não é capaz de catalogar. Disso tudo, nada a assusta nem a desconcerta: é normal.

Se você compra uma nova câmera digital, último modelo, não passa pela sua cabeça levá-la sem perguntar cinquenta vezes ao vendedor sobre todas as suas funcionalidades e como tirar delas o máximo de proveito. Não contente com isso, para não se dar mal, você consulta seu cunhado que tem uma igual, entra em um fórum de internet de usuários daquela marca e estuda o manual de instruções de A a Z. Você quer conseguir o máximo de rendimento de sua máquina! Deseja obter as melhores fotos que você e ela sejam capazes de tirar e passar bons momentos utilizando-a e aprendendo coisas que até então você não conhecia. Para isso, é preciso, primeiramente, entendê-la bem.

A maioria de nós, mulheres, é capaz de fazer tudo isso por umas curtas férias exóticas ou por uma moderna máquina fotográfica... Então, por que nos custa tanto entender que os homens são um caso parecido? Eles têm seu próprio idioma, seus próprios gestos, sua maneira de interpretar a realidade... Não é brincadeira quando dizem que eles são de Marte e nós de Vênus. E, como você pode imaginar, em cada um desses planetas se fala uma língua diferente, as palavras significam coisas opostas, e as lágrimas ou os sorrisos têm um valor distinto para os habitantes de um ou outro lugar.

Não pense que me refiro ao fato de que eles falam de futebol e nós, de roupas; que eles preferem filmes de ação e nós, os sentimentais, ou que um grupo de amigos homens seja capaz de trocar duas frases em três horas, enquanto nós, mulheres, conversamos durante horas e horas sem nos cansar. Falo de algo muito mais profundo que os temas de conversas, o tom ou a quantidade de frases que trocamos uns com os outros.

Por que não estamos dispostas a aceitá-los? Aprendamos sua linguagem e seu código para sermos capazes de interagir com eles e entendê-los: você já sabe que o diálogo e a comunicação são básicos na construção de qualquer relação humana. Não importa se o que você quer é se dar bem com seus irmãos, viver uma prazerosa relação de casal, ser capaz de trabalhar em equipe com seus companheiros ou chegar a um acordo com seus vizinhos para pintar a fachada.

E, obviamente, não faltaria mais nada: domine sua linguagem para desarmá-lo quando for conveniente e para conseguir, assim, o que você deseja e merece. Consiga, como no conto de *Ali Babá e os quarenta ladrões*, abrir a porta da gruta do tesouro utilizando as palavras mágicas no momento adequado.

PRIMEIRO PASSO: DECIFRE O CÓDIGO DO INIMIGO

Durante a Segunda Guerra Mundial, japoneses e norte-americanos passaram meses inventando códigos para suas manobras e decifrando os códigos do inimigo. Eles tinham unidades especiais dedicadas exclusivamente a isso: se você entendia a linguagem do adversário, podia desarticular um grande ataque, defender uma importante praça ou salvar a vida de centenas de soldados. Foram inventados jogos matemáticos e combinações, desenterraram idiomas já mortos ou utilizaram os que sobreviveram em algumas poucas reservas indígenas.

Você entende a importância das palavras? Na guerra dos sexos, como em qualquer outra que envolva seres humanos, conhecer o que o outro diz, entender seu sentido além do óbvio ou quais efeitos terá o anúncio que se faz pode nos permitir retroceder a tempo para nos salvarmos, mudar de estratégia se vemos que a utilizada não nos leva para onde desejávamos ou partir para o ataque sabendo perfeitamente o ponto que mais vai doer.

Neste jogo de controle que estamos aprendendo, o primeiro passo é dominar a linguagem de nossos homens. Ou, pelo menos, tentar.

Lembre-se de que, para nós, a comunicação é básica para dar e receber informações, descobrir coisas novas, compartilhar um problema, explorar uma emoção, estabelecer uma relação duradoura, conseguir a verdade, sentir-se melhor, rir ou fazer os outros rirem... Enfim, para conseguir ser feliz e crescer como pessoa.

Os homens têm uma visão muito mais prática e utilitária dessa capacidade do ser humano. Com que finalidade estabelecem comunicação com outros seres? Para descobrir feitos, marcar terreno, conseguir e manter seu status, obter o que desejam e, obviamente, pedir uma cerveja e falar de futebol com seus colegas.

Algumas pistas prévias

- **As mulheres são melhores "escutadoras".** Estamos cansadas de saber: nós temos mais paciência e empatia, o que nos leva a escutar com mais atenção e interesse que eles. Nossa mente, e inclusive nosso corpo, podem manter-se concentrados no mesmo tema ou ponto de maneira melhor que o deles. Não fique nervosa se ele não para de mexer as mãos ou as pernas depois de pouco tempo ou se muda de tema quando se passaram alguns minutos. Isso não é nada concreto na maioria dos casos.

- **Mensagens simples, efeitos garantidos.** Assim são eles: frases curtas e diretas. Sujeito e verbo. Para que utilizar adjetivos ou advérbios? Claro que você preferiria que ele lhe dissesse que seus cabelos são dourados como as flores dos campos ao entardecer de outono, mas você pode considerar um elogio se o que você consegue é um "que cabelo bonito". Não importa. Assim são as coisas, e trate de aplicar o mesmo registro para que fiquem claros seus desejos e opiniões.

- **Menos pode significar mais.** Não cometa o erro de repetir centenas de vezes, porque não é assim que você vai conseguir o efeito desejado. Na verdade, isso pode ser prejudicial. É fato que ele faz isso com você muitas vezes, mas... isso a incomoda?

- **Sua mandíbula, seu cotovelo, suas sobrancelhas... Escute a todos eles!**
  Lembre-se de que os homens falam não somente com palavras. Na verdade, a maioria deles gosta muito pouco delas. Assim, não cometa o erro de não observar suas mãos, seu rosto e seus lábios. Eles vão lhe dar muitas pistas. Se você vê que o pescoço dele se incha, prepare-se para o começo do combate! Se os olhos dele não param de girar de um lado para o outro, vigie a mentira que ele está a ponto de contar ou averigue o que o deixa tão nervoso!

- **O momento-chave.** Nem todo momento e nem toda situação são bons para introduzir um tema importante de conversa com seu rapaz. Se o assunto é de peso, avise-o, marquem um encontro e elejam um momento em que ambos estejam tranquilos e com boa disposição. Prepare o espaço fazendo com que ele se sinta cômodo e predisposto a escutá-la e dar sua opinião. Se for necessário, que ele tenha em mãos sua cervejinha e uns amendoins, que esteja sentado em sua poltrona favorita e que possa fumar se a conversa for duradoura. O cenário é importante para o desenrolar da trama e pode ajudar para que a conversa chegue em um bom porto ou naufrague antes mesmo de sair.

- **Cada um serve para o que serve.** Na comunicação, como em qualquer atividade humana, o cérebro tem um papel fundamental. O que temos em comum, homens e mulheres, é a presença de um desses. A partir daí, acabaram-se as semelhanças: cada um o tem desenvolvido de maneira diferente. É bom que você se lembre de que, geralmente, nós, mulheres, somos muito melhores identificando sons, escutando, distinguindo emoções, sendo intuitivas ou cooperando. Eles são superiores em campos como a racionalização matemática, a distinção de coisas – por exemplo, são capazes de descobrir a mulher mais linda em um bar cheio até o último milímetro –, a coordenação visual, a rotação de objetos em pensamento ou compartimentando os conhecimentos.

O silêncio é ouro

Não tenha medo do silêncio. Muitas mulheres dão um valor negativo a ele quando estão com seus homens, porém... eles agradecem! Inclusive o consideram positivo. Aprenda o valor que ele tem e utilize-o para seu benefício, para conseguir o que quer ou evitar o que não deseja.

Lembre-se de que, se ele está calado, isso não significa que...

- Não a ame.
- Prepara uma surpresa indesejável.
- Pensa em uma mentira que cole para responder.
- Não a escuta e prefere pensar em suas próprias coisas.
- Queira acabar com seus nervos.
- Tenha abandonado a relação de vocês.
- Esteja pensando em outra.
- Não tenha nada para lhe dizer.
- Vocês não tenham nada em comum.

Mas não baixe sua guarda, porque o silêncio tampouco significa que ele...

- Seja mais lento pensando.

- Seja mais fácil de convencer ou dominar.
- Racionalize e reflita sempre antes de tomar uma decisão.
- Goste de ouvir sua voz pelo simples prazer de escutá-la.

Uma palavra, muitos significados

Um dos principais problemas que podemos enfrentar é o amor de nossos homens à economia comunicativa de mínimos. Não se sabe muito bem se por preguiça, por capacidade cerebral ou por falta de interesse, o vocabulário masculino é bastante reduzido em relação ao nosso. Não falamos da variedade de matizes que nós podemos oferecer ou da explicação profunda de sentimentos e crenças que eles parecem incapazes de dar. Referimo-nos ao fato de que, com cem palavras, eles têm o suficiente para sobreviver às situações mais variadas.

Para nós, isso faz a vida comum muito mais chata, pouco atrativa e traz um sério problema. "Está bem" pode significar mil coisas diferentes em função do momento em que é dito e em resposta a quê. "Desculpa" pode ter tantas conotações quanto as variações cromáticas que possuem as cores. Temos de lançar mão de nossa paciência e de nossa perspicácia para estabelecer qual uso uma determinada palavra tem hoje e agora. Observar seus gestos, conhecer os antecedentes históricos, controlar o entorno... Enfim! Todo um trabalho de campo.

Vamos mostrar alguns exemplos de palavras polissêmicas. O restante é saber o quê, como e quando. Não se desespere: os homens agem sempre da mesma forma. Com alguns meses de convivência, você vai, com certeza, controlar praticamente todo o registro de possibilidades. Aí está o dicionário básico para entender seu homem:

Gosto de você

- ... sempre e principalmente se você parar de me incomodar neste exato momento.
- ... se você não quiser me mudar.
- ... quando você diz que gosta de mim.
- ... quase tanto quanto gosto de meu cachorro e de meu time de futebol favorito.

- ... então me dê o controle e uma cervejinha fresca.
- ... e você não se importa que meus amigos venham assistir ao jogo neste sábado, certo?
- ... na sua casa ou na minha?
- ... mas não consigo me lembrar do seu nome.
- ... enquanto durar.
- ... tanto como gosto da Ana, da Joana, da Maria...
- ... não acredito nisso, mas creio que seja o que devo lhe dizer.
- ... por mim eu não falaria, mas sei que é o que você espera que eu fale.
- ... e cuidarei de você.
- ... serei sempre fiel a você.
- ... acho que gosto de você.
- ... quero gostar de você.
- ... espero que você esteja sempre perto de mim.
- ... sonho passar o resto da minha vida a seu lado.

Desculpa

- ... me arrependo por tê-la machucado.
- ... prometo não fazer isso de novo.
- ... não me leve a sério.
- ... realmente dói ter falhado com você.
- ... não tenho nem ideia do porquê, mas...
- ... só por acaso.
- ... digo isso para que você fique contente.
- ... por dizer alguma coisa.
- ... claro que eu fiz alguma coisa errado.
- ... seja pelo que for.
- ... a culpa não é minha, mas não quero discutir.
- ... para que veja que eu sei, sim, dar o braço a torcer.
- ... diferente de você, eu sou capaz de reconhecer meus erros.
- ... até que me dê vontade de fazer de novo.
- ... agora eu posso ver o filme que eu quero?
- ... que fique claro que minha mãe me deixava fazer isso.
- ... mas até meu amigo Pedro faz isso e ninguém fala nada para ele!

Obrigado

- ... por tudo.
- ... por ser tão especial.
- ... por ser você.
- ... por isso e por tudo que você faz por mim.
- ... por nada.
- ... agora sai!
- ... digo isso para que veja que eu sei, sim, reconhecer quando me fazem um favor.
- ... sou ou não sou educado?
- ... você não tem nada para dizer?
- ... mas eu também poderia fazer sozinho.
- ... não é para tanto, mas enfim...

O QUE QUER DIZER QUANDO DIZ...

A primeira vez que você se encontra com ele, cara a cara, tem uma importância vital. O que acontecer em seu primeiro contato ou nesse encontro casual que os coloque frente a frente marcará as regras do jogo de casal de vocês. Não importa que seja uma relação sem importância, uma curta, porém intensa, ou uma que vai durar a vida toda.

Nesses momentos iniciais, você se sente um pouco perdida e gostaria de controlar tudo. Saber o que ele pensa, se ele a acha atraente ou não, se deseja algo com você ou a dispensa, se pretende jogar ou não... E você sabe que, por mais que você pergunte, as respostas que recebe não correspondem à verdade do que se passa na mente dele. Se é que algo está passando... Claro, seu corpo lhe dará muitas pistas: Está suando? Parece afetado por um formigamento e não para quieto? Fica se esfregando para despistar? Senta-se perto de você ainda que para isso tenha de se separar de cem amigos? Seus olhos não param de olhar para a porta de saída? Olha o celular constantemente?

Além de observar seu comportamento, aqui vão algumas dicas linguísticas para superar o seguinte obstáculo na comunicação de vocês: a diferença abismal entre o que ele diz e o que ele realmente pensa.

Primeira vez que a vê	
Diz...	**Pensa...**
Nos conhecemos?	Que gostosa!
Tem certeza de que não nos encontramos antes?	Não posso perder esta oportunidade!
Posso dar uma mãozinha com esta garrafa?	Posso dar uma mãozinha em seu...?
Precisa de ajuda?	Já sei do que você precisa. Quer que eu mostre?
Qual é seu nome?	E seu número de telefone?
Não tem muito barulho aqui?	Chega mais perto para eu poder tocar.
Quer ir ao cinema uma noite?	E depois para a cama?
Você gosta de filmes românticos?	Eu gosto... sempre que acabam na cama.
Aceita uma taça de vinho?	Melhor ainda se for em minha casa.
Você é uma mulher muito atraente.	E será mais ainda se estivermos sozinhos.
Esta saia lhe cai muito bem.	Especialmente quando você não está de saia...
Você está ocupada neste final de semana?	Você tem namorado?
Mora sozinha?	Dorme sozinha?

Primeiro encontro	
Diz...	**Pensa...**
Ligo para você em breve.	Não tenho a mínima vontade de fazer isso.
A gente se vê.	E passar bem!
Foi legal.	E é isso.
Foi legal?	Espero que também tenha gostado.
Vamos nos encontrar novamente?	Por favor, diz que sim!
O tempo passou voando!	Vamos sair de novo?
Já está ficando tarde...	Menos mal...

Depois de algum tempo	
Diz...	**Pensa...**
Você me lembra muito a minha mãe.	Pare de me tratar como criança.
Deveríamos sair com mais gente.	Você está começando a me entediar.
Isso está ficando sério.	É hora de parar.
Preciso de mais espaço.	Estou em outra e quero ver se tenho alguma oportunidade.
Estava escutando todas as suas palavras.	Não a entendo.
Não sou muito bom com as palavras.	Não tenho mais nada para dizer.
Senti sua falta.	Você não tinha de demorar mais para voltar?

Como conseguir que...

Sem dúvida, é básico entendê-los para saber o que estão dizendo, para que não nos peguem desprevenidas, para manter o controle e estar sempre um passo à frente. Mas devemos conhecer esse código e as palavras-chave não somente para decifrar suas mensagens, mas também para conseguir os efeitos que buscamos.

Em algumas ocasiões, pense que as palavras são como bumerangues: vão e voltam. Vigie o que você diz e como o diz, porque você pode provocar o efeito contrário ao que está buscando. E não somente isso. As palavras também podem ser como dardos carregados de veneno que anulam ou causam dano um ao outro. E isso é, menos ainda, o que buscamos.

Aqui vão alguns exemplos, mas certamente você é capaz de encontrar muitos outros. Lance mão de toda a sua diplomacia:

Para conseguir a ajuda dele nas tarefas do lar

NÃO DIGA

1. Faz exatamente um ano que estou esperando você pintar a cozinha.
2. Você tem certeza do que está fazendo?
3. Você é o cara mais incapaz e inútil que eu conheço.

DIGA

1. Sei que você é um homem muito ocupado. O que você acha de contratarmos um pintor?
2. Prefiro que eu e você aproveitemos o pouco tempo que temos e contratemos alguém para essas besteirinhas.
3. Eu descobri que, ainda que não pareça, as aulas de bricolagem estão cheias de estudantes mulheres.

Imagem pessoal

NÃO DIGA

1. Você vai sair vestido assim?
2. Não vai fazer a barba? Você está parecendo o Robinson Crusoe sujo.
3. Em vez de unhas, parece que você tem garras como um animal.

DIGA

1. Você realmente tem um gosto muito pessoal que eu adoro, mas acho que nossos amigos não estão no mesmo nível.
2. Esta barba o favorece, mas me impede de desfrutar 100% de sua pele incrível.
3. Os dedos com a manicure perfeita são a última moda segundo a revista *Vogue*.

Questões de família

NÃO DIGA

1. Estou cansada de sempre aguentar sua mãe: ela é insuportável.
2. Trate minha mãe com mais carinho. Ela reclamou que você a trata como um porco-espinho.
3. Seus irmãos são uns caras de pau: eu sempre dou para eles presentes de aniversário incríveis e eles me compram velas nas lojas de R$ 1,99.

DIGA

1. Sua mãe é uma mulher de personalidade arrojada e vitalidade. Acho que passar tanto tempo com a gente deve entediá-la.
2. Minha mãe o adora e está louca para se aproximar de você.
3. Em vez de comprar presentes para a família este ano, por que não buscamos alguma coisa mais emotiva para compartilhar com eles?

5 Dois milhões de anos a nosso serviço

"O Senhor Deus formou, pois, o homem do barro da terra, e inspirou-lhe nas narinas o sopro da vida e o homem se tornou um ser vivente."
Gênesis 2, 7

"Então, o Senhor Deus mandou ao homem um profundo sono; e enquanto ele dormia, tomou-lhe uma costela e fechou com carne o seu lugar./ E da costela que tinha tomado do homem, o Senhor Deus fez uma mulher, e levou-a para junto do homem./ "Eis agora aqui – disse o homem – o osso de meus ossos e a carne de minha carne; ela se chamará mulher, porque foi tomada do homem." Por isso, o homem deixa o seu pai e a sua mãe para se unir à sua mulher; e já não são mais que uma só carne."
Gênesis 2, 21-24

Assim começou tudo para as mulheres de nossa cultura. Ou não?

Realmente o homem foi criado primeiro e a mulher tirada de sua costela? E se somente acreditamos no que era conveniente a outros que acreditássemos?

Infelizmente, foram os homens que escreveram a História durante séculos. Desenterraram a deusa Mãe Terra das culturas antigas, tiraram de nós o papel de quem dá a vida, de veneradas pelos pré-históricos, e apagaram nosso passado de amazonas e guerreiras.

Desde a Bíblia até os livros que nós estudamos nas escolas do século XX, as obras de literatura, os manuais de costumes e os tratados políticos ou religiosos saíram da caneta de homens que queriam assegurar seu papel e seu poder. A História, como colocada no começo, foi escrita por eles. Deixaram-nos esses livros de autoria masculina e nós os lemos e aprendemos por eles quando nos ensinaram e, dessa forma, plantaram em nosso interior uma semente certamente perversa. Durante centenas de anos, comportamo-nos como adoráveis esposas, submissas amantes, mães perfeitas... Acreditávamos que, assim, reproduziríamos o papel de nossas mães e avós.

Mas nos acontecimentos históricos, como em quase toda a vida, tudo depende do prisma pelo qual se olha. E se na verdade tivéssemos pintado muito mais a História da humanidade do que nos fizeram acreditar? E se alguns tivessem feito mudanças no roteiro dos contos para assegurar seu papel protagonista por ego ou... por medo?

Começando pelo começo

Você sabia que, para parte da cultura judaica, Eva não foi a primeira mulher na Terra? Os seguidores da Cabala, tão famosa atualmente graças a estrelas de Hollywood como Madonna, asseguram que houve uma anterior. Desde o começo dos tempos, existem textos e sábios que falam de uma primeira companheira de Adão, criada da mesma forma que ele: à imagem e semelhança de Deus. Nem de uma costela nem de um pedaço! O Criador insuflou a vida diretamente a ela e outorgou, dessa maneira, a mesma importância e o mesmo papel que consentiu ao homem. Esse fato muda ou não muda as coisas?

Lilith. Esse era o nome dessa desterrada das histórias oficiais. O que ela foi? O que tantas vezes se repetiu ao longo dos séculos com muitas de nós quando nos atrevemos a entrar em conflito. Parece que ela era uma mulher de caráter. O que se chama de "guerreira"! Era rebelde e nunca estava de acordo com Adão.

Nunca alcançaram a harmonia em sua relação. Conta-se que Lilith, por exemplo, ofendia-se em ter de manter relações sexuais deitada embaixo de Adão, como ele exigia. Eram iguais, por que então essa dominação? Ela desejava poder escolher e desfrutar da mesma forma que ele.

Por isso, abandonou o Paraíso e o deixou plantado. Afirmam que ela elevou-se pelos ares, desapareceu e foi viver perto do Mar Vermelho. A primeira plantação da História da humanidade! Temos de ser fortes ou não para deixar a perfeição e a eternidade pelo nada mais absoluto e desconhecido?

Ainda que as escrituras não expliquem assim, está claro que essa foi a primeira partida que os homens perderam no jogo da vida. Deus se deu conta de que ia lhe custar muito buscar um par ideal para o homem e decidiu prover-lhe uma companheira que ele pudesse dominar e controlar. Foi assim que nasceu Eva, da segunda costela do primeiro homem. Já não eram iguais: ela vinha dele, era uma parte dele, devia a ele a vida.

Você se perguntará o que aconteceu com Lilith. Boa pergunta. Existem versões para todos os gostos: há quem diz que, desgostosa, converteu-se no diabo; outros dizem que foi ela a serpente que tentou Adão e Eva; e inclusive há quem diz que ela teve vários filhos com muitos demônios, e que, com raiva, dedicava-se a matar os meninos com menos de oito anos que não haviam sido circuncisados.

Quem sabe! Seguramente, como tantas outras mulheres valentes e livres, seu gesto despertou paixões e ódios. Tendo existido ou não, a mensagem que se lança com seu papel é clara: homens e mulheres já não são iguais desde o início do início. Deus os fez diferentes.

De toda forma, por um momento, pensemos. Com quem você gostaria de parecer? De quem você gostaria de ser filha? De Eva ou de Lilith? Da obediência e da submissão ou do orgulho e do valor? De uma atriz divisora da História universal ou de uma figurante?

Eu tenho claro o papel que quero para mim.

Examinando o passado

Qual inimigo/amigo nós enfrentamos? Quem é nosso companheiro na obra da vida? Bom, devemos sabê-lo para decidir como nos comportar com ele ou que resposta lhe dar.

O homem é homem desde que o mundo é mundo. Isso está claro. Mas no que consiste ser homem? Se repassarmos a História, parece que o único traço em comum entre eles e nossa espécie é ter um corpo de carne e osso como o nosso, mais pelo do que nós, menos peito e algo sobressalente entre as pernas... Além disso, tudo mudou constantemente desde milhões de anos atrás, quando chegamos a este planeta como uma espécie para dar de cara com os dinossauros!

Costumes, comportamentos, adornos, afetos ou atividades demonstram o pouco que os bisnetos dos macacos têm a ver com os astronautas russos ou os monges da Idade Média ou com os cantores de *hip-hop*.

Se o protótipo de homem era diferente de acordo com a época em que vivia, é lógico que ele nos tratava de maneiras distintas também em cada momento. O papel da mulher foi adaptando-se ao comportamento de seu companheiro, às normas que se estabeleciam ou ao que se esperava dela. Ou será que foi o contrário?

Paleolítico, Neolítico... Recém-evoluídos do macaco!

Você pode imaginar a confusão dos primeiros quase humanos? Seus avós viveram nas árvores, seus pais haviam baixado ao solo de quatro e eles se encontravam sobre as extremidades traseiras, aprendendo a caminhar. E não só para tirar os piolhos entre todos do bando, passaram a usar as extremidades dianteiras também para riscar pedras e conseguir fogo. Você consegue imaginar a cara do primeiro humanoide que se queimou com o fogo? Ou do que se viu plantando milho em vez de comer minhocas cruas? Para não falar do susto que levou o primeiro que se viu pensando em lançar um som articulado à Lua.

Nesse momento de caos, lutando para sobreviver em um ambiente hostil, de clima extremo e com espécies muito mais fortes que a dele, o ser humano não teve tempo para besteiras. Em qual momento homens e mulheres descobriram que eram diferentes? Como chegaram à conclusão de que era melhor que eles se casassem ou de que eles lutariam contra outros de sua própria espécie e elas cuidariam dos membros mais anciãos de seu clã e preparariam a comida? Quando descobriram que, para ela, custava três vezes mais orientar-se pelo bosque, por mais que dessem a ela sinais evidentes ou explicações claras? E quando ele foi incapaz de, por sua vez, desossar a caça e vigiar a cria para que não se queimasse no fogo? Sem dúvida, um dos momentos mais apaixonantes e que marcaria nosso papel como reprodutoras e guardadoras do futuro da raça humana foi quando veio nascer de nossas entranhas a cria, amarrando-nos uma corda. Essa cria que saía de nosso interior, envolvida em sangue, era fruto da união de um homem e uma mulher. Era o efeito daqueles dias em que um homem, levado por um impulso físico que quase doía e por umas ondas de prazer, saltou para cima de uma das fêmeas do grupo. Não valia qualquer membro: devia ser uma daquelas cujos peitos balançavam e que tinham uma fenda onde seu membro parecia encaixar com perfeição.

Necessitavam-nos para perpetuar-se, sobreviver, alcançar a continuidade. Essa foi nossa primeira vitória e... nossa perdição ao longo do tempo. As mulheres converteram-se em deusas, como a Mãe Terra: éramos fonte de vida, descanso do guerreiro, calor nas noites de frio, carícias para as feridas da luta. A fecundação era um dom... Até que os homens descobriram que isso nos fazia fortes e os fazia fracos. Deram-se conta de que deviam nos dominar ou estariam em nossas mãos por milênios e milênios. E mais, perceberam que esse nosso poder nos fazia uma boa moeda de troca para negociar com outros grupos como o deles.

Esse homem, que julgava sua vida e a de todo o seu clã a cada segundo, que vivia rodeado de vários símbolos que não era capaz de entender e interpretar, como dissemos, não tinha muito tempo para a ternura nem para a doçura. Você imagina um desses antepassados despedindo-se de sua companheira com um beijo e umas doces palavras de amor enquanto um predador rugia fora da toca? Ou recitando um poema à luz das estrelas, no meio do nada, quando os efeitos da glaciação atacavam seus calcanhares?

O macho era forte, caçador, guerreiro... Seu romantismo era igual a zero e, em questão de detalhes e tato, melhor nem falar. Assim, nossas tatatatatatatatatatatatatataravós deveriam ser iguais para sobreviver.

Antigas civilizações... O começo de uma longa escuridão Com certeza, na escola, você estudou mil vezes as civilizações fenícia, persa e, especialmente, a grega e a romana, bases da origem de nossa cultura. Mais concretamente, a parte masculina dessas civilizações: os líderes que quase sempre eram homens, as leis que ditavam e as guerras que eles traziam nas mãos, as obras de arte que esculpiam ou os tratados que escreviam. Se você repassar mentalmente seus anos de escola, vai perceber que poucos nomes femininos vêm à mente. Algumas exceções – e que exceções! – como Cleópatra, Elena de Troia ou a Rainha de Sabá são magníficos exemplos que nos dignificam como mulheres.

Como eram esses homens? Encantados por conhecer-se, sem dúvida: guerreiros, ainda mais sofisticados que seus antepassados, descobridores de outras terras, reis e poetas, filósofos e atletas... Começa o culto ao corpo, e o sentimento de superioridade do homem em relação à mulher passa a se apoiar nas teorias de sábios e escritores. No entanto, as mulheres começaram a ser diferenciadas e classificadas, mais uma vez, em função de nossas possibilidades reprodutoras. Os pais conseguem alianças oferecendo suas filhas em casamento, e os homens têm mulheres protegidas em seus lares, para que sejam suas, e somente suas, como reprodutoras de sua linhagem e chefas de suas casas. Os refúgios do macho passaram de cavernas a cabanas, palácios ou castelos, mas, como sempre, o homem sai para se divertir ou trabalhar e a mulher se converte na rainha do que acontece dentro, sempre às ordens de seu senhor. Outras mulheres são trabalhadoras ou pura diversão para os machos. Não merecem o status de esposas e não são protegidas ou sustentadas como as outras.

Idade Média. As coisas continuaram piorando com o passar dos séculos. A chegada do cristianismo, a fome e as pestes, os cinturões de castidade, as guerras santas e as inquisições fizeram tudo ainda mais difícil para as fêmeas. A maioria das mulheres se manteve como analfabeta, enquanto a cultura era escrita em monastérios masculinos. Somente por meio da vida religiosa algumas conseguiram tocar com a ponta dos dedos a Arte ou a Ciência. Os poderes político e econômico também eram coisa de nossos pais, irmãos e maridos. Tempo de guerreiros, reis, bandidos, camponeses rudes, homens de religião... As mulheres que ousavam se destacar eram queimadas como bruxas ou estigmatizadas em vida. No entanto, nos tempos históricos em que as mulheres transitavam por túneis escuros, sempre encontravam algum aliado capaz de oferecer-lhes um pouco de luz. Trovadores, poetas, confessores espirituais e cavaleiros românticos foram capazes de desempenhar um importante papel nesses séculos, mais sensíveis às necessidades e ao desejo de cuidado que iam despertando nas mulheres.

Renascimento. Produz-se um amplo movimento de revitalização cultural que se deixa sentir em toda a Europa e, além disso, essa é a era dos descobrimentos geográficos – começando por todo um continente, a América – e científicos. Novas correntes filosóficas mudam a concepção do mundo e do homem. A beleza ocupa o espaço que merece e nós, mulheres, convertemo-nos em um elemento indispensável, pelo qual os homens suspiram e com o qual os artistas se inspiram. Mas há de se reconhecer que o papel que nos deram continuou sendo um pouco... decorativo? Os homens dessa época são artistas, aventureiros, cientistas... refinados, românticos e cuidadosos. A Idade Moderna começa a dar seus passos, transformando e iluminando cada uma das esquinas de uma Europa que renasce após séculos de postergação e escuridão. No entanto, após os compassos dessa música renascentista, chega outra vez uma época escura. A história da humanidade se desenvolveu como um acordeão que se estica e se contrai, juntando nota após nota.

Barroco. É um movimento cultural que aconteceu entre 1600 e 1750, abarcando desde a música e a arquitetura até a literatura e a pintura. Adeus à simplicidade e boas-vindas às formas mais complexas, retorcidas, produto da mescla entre realidade e fantasia. A dor psicológica do homem, que busca desesperadamente coordenadas firmes para seguir, mostra-se em qualquer esquina. Assim, a nossa sociedade se vê imersa em reformas, contrarreformas, mudanças e buscas. A luz do Renascimento se ofusca sem chegar a desaparecer, já que a Idade Moderna trouxe mudanças sem volta. A chegada do período revolucionário – Revolução Industrial, revoluções políticas como a francesa e a burguesa e a independência das colônias – acaba com essa época, dando os passos em direção ao que conhecemos como Idade Contemporânea. E aqui já estão os homens de negócios, os cosmopolitas viajantes que cruzaram continentes, os grandes revolucionários... E, entre todos eles, algumas mulheres começam a se destacar e a ocupar seu lugar além dos fogões e da cama. Não em vão, Marianne é o símbolo da Revolução Francesa.

... E até hoje. Desde a Revolução Francesa até hoje, estamos no que se conhece como Idade Contemporânea. É difícil classificá-la: nesses duzentos anos, o mundo girou tão depressa que foram possíveis desde duas guerras mundiais, a aparição da luta sindical e do Socialismo até a *Belle Epoque*, o Surrealismo e o Feminismo, a Guerra Fria ou o choque de civilizações e as migrações do terceiro mundo ao primeiro. Tudo foi possível em um ritmo vertiginoso, e os papéis do homem e da mulher mudaram e continuam mudando. Estamos no século XXI, e as coisas não parecem estar quietas. Os homens parecem perdidos e há quem diga que existe uma crise de identidade entre os machos: de metrossexuais a *heavies*, de líderes de bandas de rua a *yuppis*, de místicos a rappers, de culturalistas a mauricinhos, já vimos de tudo. Dão voltas e giros tentando definir-se, reencontrar-se, mas não parecem conseguir. Seus lados feminino e masculino estão em luta. Chorar já não é ruim, mas também não parece bom. Ser sensível é um valor agregado, mas somente em alguns casos. A diversidade é tal que provavelmente em seu entorno você pode encontrar representantes dessas subespécies masculinas e de muitas outras mais...

E, ENQUANTO ISSO, O QUE NÓS FAZEMOS?

A História girava e girava. O macho das cavernas evoluiu até converter-se em um agressivo homem de negócios, um mochileiro viajante, um sensível travesti, um metrossexual viciado em cremes ou um fervoroso ator de novela. O *Homo sapiens* macho está adotando formas impensáveis. Se seus antepassados levantassem a cabeça... baixariam-na em seguida sem entender nada!

E nós, mulheres? O que fizemos? Desde Lilith até você e eu, sentadas aqui com este livro nas mãos, o que aconteceu? Como os homens nos viram com o passar desses séculos? Se você ainda tem sorte de que estejam com você, pergunte à sua mãe ou avó como eram as coisas quando elas eram jovens. Sei que parece que não estão muito longe no calendário histórico, porém, em poucos anos, se compararmos com a longa história da humanidade, vamos perceber como as coisas mudaram. O século XX é o século do salto feminino: finalmente podíamos ir à escola e à universidade, trabalhar fora de casa (se essa fosse a vontade e se o mercado permitisse) e conquistamos o direito ao divórcio e ao voto! Esses parecem ser direitos básicos, certo? Pois não os dê como óbvios; há menos de cem anos eles eram inalcançáveis. Hoje temos a sorte de que, exceto por alguns energúmenos, a maioria dos homens que estão a nosso redor – não em todas as culturas, infelizmente – consideram-nos iguais. Ainda que, em certas ocasiões, tenham modos e ações... um tanto machistas! A memória histórica se faz presente algumas vezes, quando seu namorado lhe diz que, depois que vocês se casarem, você não precisará se preocupar em trabalhar, seus companheiros e chefes se permitem contar piadas de loiras burras ou o pai dos seus filhos acredita que comprar os rolos de papel higiênico ou saber quando os pequenos devem tomar as vacinas são habilidades femininas. Nada grave comparado ao que antes opinavam de nós e nos faziam sofrer.

Você sabia que, na Grécia clássica, as mulheres tinham o mesmo status dos escravos? O que significa que não tínhamos nenhum direito na democracia. Começamos mal. Para o grande filósofo Aristóteles, a mulher era um ser reprodutor, e o homem, administrador. Nossa melhor virtude, segundo o sábio, era o silêncio. Sob o domínio do Império Romano, os homens podiam divorciar-se das mulheres se estas lhe dessem um filho homem, enquanto elas não podiam fazer o mesmo. Não tínhamos o direito à propriedade nem sequer sobre nossos próprios filhos.

O espanhol Frei Luis de León escrevia no século XVI a obra *La perfecta casada*, na qual destacava que "seu andar deve ser em sua casa e deve estar presente sempre em todos os cantos dela... Seus pés são para rodear pelos seus cantos... não para rodear pelos campos e ruas".

No entanto, não pense que isso acontecia somente na escura e católica Espanha. Não mesmo! Lutero assegurava que "uma mulher piedosa e temerosa de Deus é um benefício raro... Ela alegra seu marido. Trabalha com o linho e a seda, gosta de servi-lo em mãos e ganha a vida em casa. Se levanta cedo de manhã, à noite não desliga suas faculdades. Limpeza e trabalho são seus valores".

Dando a volta por cima

A maior parte de nossas antepassadas foi representada por dignas filhas de sua época, sem dúvida. Comportaram-se como seus pais e maridos esperavam. Ocuparam o lugar que lhes era estabelecido, à sombra de qualquer homem ou sempre um passo atrás dele e com a cabecinha inclinada. Foram primeiramente filhas, logo esposas e mães, donas de casa e, em muitos casos, trabalharam com seus parceiros no campo, no comércio ou nas fábricas. Em alguns momentos de maior aperto, conseguiram destacar-se como artistas, cientistas ou até políticas, ainda que sobre elas sempre pesasse o "senhora de" ou o olhar de desaprovação de alguns machos.

No entanto, você conhece o refrão "O homem propõe, mas a mulher dispõe"? Essa era e é a realidade do lado de dentro das casas de muitas famílias. Durante séculos, deixamos que eles levassem a glória, a fama e o poder... dentro e fora de nossos lares. No entanto, as amantes exerciam suas armas da paixão para conseguir mudar os planos de guerra, uma mãe fazia valer a força do sangue para conseguir que um político aprovasse determinada lei, e uma esposa ou filha conseguia que um grande empresário contratasse centenas de trabalhadores ou os despedisse. As mulheres também moveram o mundo, porém a partir das sombras.

Assim, é certo que por trás de todo grande homem houve uma mulher... que movia seus pauzinhos como se lidasse com uma marionete. Nem sempre para atingir fins belos e idealistas. Às vezes, somente por puro prazer, interesse ou maldade. Por acaso você não se lembra do que aconteceu com Juan Bautista por menosprezar a beleza e a influência de uma mulher? A enteada de Herodes, a pedido de sua mãe, dançou para o rei que, possuído por um desejo irrefreável, ofereceu a ela o que desejava. Com um pequeno movimento de seus quadris, a menina conseguiu fazer a cabeça do rei. Nem os sacerdotes nem outros profetas haviam conseguido convencê-lo de matar Bautista.

Todas nós comprovamos o poder dos genes femininos em alguma ocasião. Não chegamos, certamente, ao extremo de personagens históricas como as já citadas nem esteve em nossas mãos o futuro de um continente ou a vida de seres humanos. No entanto, conseguimos pequenas vitórias que nos permitiram saber quem mandava realmente, apesar do que as aparências ou do que nossa própria atitude parecia mostrar. Um olhar, uma frase inteligente, uma palavra certeira e uma voz imponente, uma carícia em um lugar oportuno ou uma ameaça que pode ser cumprida a qualquer momento nos permitiram desfrutar de verdadeiros momentos de liberdade com nossas amigas, de mudarmos para uma casa maior com jardim, ainda que ele tenha de viajar cinquenta quilômetros diários para ir ao trabalho, convencê-lo a sair de férias ao destino que você sonhava e acompanhados de sua mãe, conseguir comprar uma nova bolsa de 3 mil reais, ainda que ele tenha a mesma carteira de vinte anos atrás, ou comprar um filhote de poodle, ainda que ele seja alérgico a pelo de animais.

Nomes escritos com ouro na história feminina

Se em algum momento, por acaso, você esquece esse dom ou eles conseguem desencorajá-la, lembre-se dos nomes que vou expor agora. São nomes escritos em ouro na História do universo feminino. Companheiras das quais não devemos esquecer e com as quais podemos aprender muito, ainda que se passem séculos e séculos. Desde Lilith, talvez a mãe de muitas de nós, até cantoras como Madonna ou Jennifer Lopez, cada uma com seu estilo, milhares de mulheres influenciaram os homens, bateram de frente com eles, jogaram com as mesmas armas e... ganharam.

A beleza da rainha de Sabá dobrou o homem mais sábio da história, Salomão, e dizem que conseguiu roubar dele um dos maiores tesouros da humanidade antiga: a Arca da Aliança. O enigmático poder de Cleópatra hipnotizou dois grandes soldados, Marco Antônio e Júlio César. E dois reinos da Grécia clássica lutaram pelo amor de apenas um homem pela bela Helena. As tropas francesas conseguiram vencer em uma guerra sangrenta sendo guiadas por uma mulher, Joana D'Arc, que foi capaz de despertar neles a coragem já quase totalmente perdida e a fé na vitória.

Matahari foi espiã, contraespiã, amante desejada... e, ainda que o preço que tenha pago tenha sido a morte, durante anos conseguiu ser a *número um* em seu ofícios graças às suas artes femininas.

Mas não é somente na arte de governar e na guerra que existem mulheres com capacidades que vão além do que os homens acreditavam ser possível. Na Arte e na Ciência também existem nomes para recordar: Madame Curie conseguiu um prêmio Nobel junto com seu marido, mas também outro sozinha, quando ele já havia falecido e ela criava os filhos e passava todo tipo de penúria. Foi a primeira mulher catedrática da Universidad de la Sorbona, ocupando o posto que seu parceiro havia deixado, apesar de todas as objeções dos "dinossauros" de sua época, que esperavam vê-la fracassar e tiveram uma decepção. Foi uma mulher de caráter, assim como Santa Teresa, a primeira doutora que a Igreja Católica teve. Ela escreveu alguns livros importantíssimos da literatura espiritual, fundou conventos por toda a Espanha e enfrentou todo tipo de hierarquia nas quais pretendiam colocá-la... Desde criança, escapou de sua casa para ir à terra dos mouros e convertê-los... De longe, vinha seu espírito aventureiro! Como todas aquelas ladies inglesas ou da Europa Central que, com mordomos e xícaras de chá, lançaram-se a descobrir a Índia ou a África, chegando inclusive a lugares de onde seus conterrâneos homens haviam retrocedido.

Exemplos de uma lista infinita e que, hoje, em pleno século XXI, nutre-se constantemente. Lembre-se da força dessas mulheres quando as coisas eram muito mais difíceis do que agora. Você vai se render? Não. Você sabe: pode conseguir aquilo a que se propõe e o que você merece. Você tem antecessoras que assim o demonstram.

6 Os top dez da espécie

Um homem bonito, simpático, divertido, atlético, inteligente e com dinheiro. Esse é seu tipo ideal? Aposto que li seu pensamento. Mas sinto em informar que ele não é somente seu, mas também o meu e o de qualquer mulher. Você acredita de verdade que um homem pode reunir todos esses requisitos? Por acaso você tem todos eles?

Tire a cabeça das nuvens! Esse tipo ideal só existe em contos de fadas, acredite em mim. Todos os homens do planeta têm algum defeito de fabricação. E nem todos têm as mesmas utilidades: alguns têm um físico escandaloso, outros uma conta corrente que pode tirá-la do mundo do trabalho para sempre, outros são uma autêntica enciclopédia viva e outros, uma fonte de sabedoria. Mas é impossível que uma mesma pessoa reúna todas essas qualidades, às vezes inconciliáveis. Pense bem: o que passa oito horas na academia dificilmente pode ter tempo para meditação e seguir uma vida marcada pela espiritualidade, e o mesmo se pode afirmar do contrário.

Pense agora nos mais dos mais. Esses homens dos séculos XX e XXI que, sem dúvida, atravessaram a História por sua riqueza, sua sabedoria, sua inteligência, seu sex appeal, seus atrativos, seus dotes esportivos ou sua elegância. Cada um se destacou por uma ou duas qualidades, mas não por todas. Por qual estilo de homem você se encantaria?

Os primeiros da lista

1. **O mais rico.** Bill Gates esteve em primeiro lugar por doze anos na lista dos homens mais ricos do mundo, até ser desbancado por outro magnata, Warren Buffet. Mas Gates talvez continue sendo o ícone perfeito e mais popular da riqueza bem entendida. O fundador da Microsoft soube utilizar adequadamente sua fortuna e dedicar parte dela à filantropia. Gates criou a Fundação Bill & Melinda Gates, com a qual financia pesquisas sobre AIDS e malária, entre outras causas. Quem não gostaria de um companheiro assim? É um *top* do *top*. Não somente soube criar espaço para si e subir no mundo dos negócios, mas também ganhou o respeito de milhões de corações que recuperaram a esperança, de pessoas de caráter, graças às suas ações altruístas. E ele tem efeito sobre as mulheres, até na China. Como eu lhe disse! A revista chinesa *Self* fez uma pesquisa com mil mulheres para perguntar de qual homem elas queriam ter o esperma para terem filhos. O multimilionário Gates ficou em segundo, somente atrás de um ator chinês, Andy Lau, e superou homens tão desejados como Brad Pitt ou George Clooney.
   Mas, cá entre nós, você não acha que viver com um homem tão rico tem seus inconvenientes? Você corre o risco de se escravizar, de ter de lidar sempre com gente "linda" e da moda, vestir-se impecavelmente para a opinião pública, cuidar de sua forma física, aprender o vocabulário de negócios, das marcas, dos estilistas, conhecer galerias de arte e os coros líricos de maior prestígio do mundo, assistir a reuniões e eventos sociais por compromisso, e tudo isso em detrimento de viver relaxada, no anonimato, de desfrutar de uma vida boa e seus pequenos prazeres, como passear ou sair para comer com seus amigos sem guarda-costas. Você realmente gostaria de atrair um homem tão rico?

2. **O mais inteligente.** Albert Einstein revolucionou o mundo da ciência com sua teoria da relatividade. Em seu rosto, embelezado por uma cabeleira branca como a neve e um bigode despenteado, podia-se ver a genialidade e sua brilhante

inteligência. Seu coeficiente intelectual era de 160, ainda que digam que o físico britânico Stephen Hawking e a loira Marilyn Monroe tinham um mais alto (para em seguida dizerem que as loiras são tontas). Hoje, acredita-se que Grigory Perelman é o homem mais inteligente do planeta. Esse matemático russo assombrou o mundo inteiro ao resolver um problema matemático feito há um século. Ele nega prêmios, foge da imprensa e pode-se dizer que está sozinho. Mas talvez o emblema mais universal e claro dessas mentes privilegiadas seja o cientista judeu nascido na Alemanha, Einstein.

O que agrada mais: um científico barbudo, apegado aos livros e aos seus teoremas estilo Perelman ou um cientista que apenas está em casa, vai de congresso em congresso, por todos os lados, e em cada um desses lugares pode ter um *affair*? Einstein, por exemplo, era dessa última categoria e passava a vida dando conferências aqui e ali. Levou o compromisso matrimonial com tanta relatividade que está catalogado como mulherengo, além de ter ficado conhecido pelas suas 1 400 cartas que vieram à tona, boa parte delas explicitando seus relacionamentos extraconjugais. Quando estava em casa, escreveu muitas mensagens para os familiares, que ele logo cedeu à Universidad Hebrea, que tinha ajudado a fundar, e que se tornaram públicas vinte anos depois de sua morte, em 8 de julho de 1986. Quando isso aconteceu, a caixa de Pandora abriu-se. O célebre cientista havia tido em torno de meia dúzia de amantes enquanto estava casado. Em alguns casos, citava seus nomes e, em outros, suas iniciais.

Acredite em mim: com um cientista que tem como rotina ministrar palestras ou um pesquisador que supostamente passa o dia no laboratório, você sofreria algo inenarrável com suas ausências. Às vezes, imaginaria que, entre umas pipetas e outras, ele está colocando chifres em você, que se engraçou com uma congressista no quarto de um hotel. Suas jornadas de trabalho seriam longas e incompreensíveis para você, tudo por um estudo que, com sorte, ele publicaria dentro de quatro anos ou por uma teoria que somente ele mesmo e outros três gatos pingados da comunidade científica compreenderiam, mas que escapa ao entendimento do resto dos mortais.

E suas conversas na volta para casa depois de seus respectivos trabalhos seriam bastante chatas. Você perguntaria por cortesia: "Amor, como foi seu dia no trabalho?", e ele lhe responderia: "Bem, bem. Quer saber de meu experimento?". E, nesse momento, acenderia a luz de freio que mora em sua cabeça e diria: "S.O.S., porque eu me casei com esse tipo?".

3. **O mais esportista.** David Beckham não somente é um bom esportista, mas também ganhou espaço na lista dos homens mais desejados do planeta. O jogador de futebol loiro mais sexy soube juntar forma física e estilo e é considerado um dos homens mais fashion da face da Terra. Sua conta corrente também não está nada mal. Ele é o astro do futebol que ganha mais dinheiro graças aos anúncios que faz. E, de quebra, ele permitiu-se dar seus primeiros passos literários e se saiu bem: ganhou um prêmio por escrever sua autobiografia, *My Side*, um best-seller do gênero. Rico, bonito, famoso, atlético... Sem dúvida, Beckham é outro bom exemplar bastante completo com o qual sonhar.
   "Onde está o 'defeito' de um tipo com esse perfil?", você vai se perguntar. A lista é longa: aguentar seguidoras de quinze anos insuportáveis, cuja única meta na vida é agarrar uma mecha de cabelo dele para guardar entre seus tesouros de adolescentes fetichistas; suportar todas as suas viagenzinhas semanais para participar de um jogo de futebol, algumas vezes perto e outras na outra ponta do mundo; ficar sem as festas de sábado à noite, porque ele está cansado depois do jogo e de passar horas na academia; ter de estar sempre na última moda para não destoar de seu estilo fashion... Compensa mesmo?

4. **O mais espiritual.** Richard Chamberlain protagonizou *Pássaros feridos,* uma minissérie triunfante que surgiu da adaptação de um romance que havia sido um autêntico best-seller, deixando mais de uma mulher sem alento. O ator, um homem também muito atraente, interpreta um sacerdote preso entre a ambição pela carreira eclesiástica e o amor que sente por uma jovem. O interesse pelo proibido – um homem com uma batina que entregou sua vida a Deus – foi e é, muitas vezes,

uma tentação para muitas mulheres. Tomemos o personagem que Chamberlain interpreta como exemplo desse homem religioso, de boa presença mas proibido, que mais de uma mulher sonhou em seduzir e devolver ao grupo dos laicos.

Você acredita que se daria bem com um homem assim? Pouco ou nada. Esqueça a escapadinha para o interior nos finais de semana, porque ele estará ocupado com as missas e outros ofícios religiosos; se for atraente, você já sabe, as paroquianas farão fila no confessionário para que ele as perdoe por seus pecados; você não poderá sair para passear com ele em público nem para tomar café; e, para demonstrar que o convida para algo, você terá de deixar todo o seu dinheiro em uma cestinha de esmolas de sua paróquia. Vamos em frente, porque, como já lhe disseram os seus pais, "Esse rapaz não é bom para você".

5. **O mais divertido.** Jim Carrey é um homem com boa aparência, talento e, provavelmente, o comediante mais bem pago do mundo. Ganhou a fama como ator de comédias norte-americanas, nas quais sua principal arma para provocar o riso era fazer caras e bocas muito exageradas e bufônicas. Dificilmente é conhecido por sua cara séria, mesmo que também tenha protagonizado dramas. Está claro que esse ator, de origem canadense, sabe fazer rir, mas, às vezes, com seus rápidos e estranhos gestos faciais, também é um tanto esgotante. Você não acha?

   Você acredita que poderia compartilhar a vida com um tipo desses? A risada está garantida, mas também a dor nas mandíbulas e, quando já o tiver visto demais, pode ser que ele não tenha tanta graça assim. Além disso, o risco desses tipos é que, com essa mania de fazer rir, eles sejam capazes de levar ao ridículo até o mais chegado dos familiares, isso sem falar de sua companheira. São homens capazes de explicar, sem nenhuma reserva ou remorso, quão desajeitada você é cozinhando; de contar verdadeiras intimidades caseiras, como essas máscaras que você aprendeu a fazer seguindo as instruções de uma revista com um caldo de ovos e frutas e que, segundo ele, não restauram seu rosto (de forma que, na realidade, está chamando-a de feia ou de enrugada), ou de como você tenta eliminar gordurinhas sem sucesso com uma faixa elétrica que você comprou de chineses e que deixou sua barriga tostada... Os *showman* humoristas que você pode encontrar por aí estão tão ensimesmados com seu papel cômico que são incapazes de ver como transformam sua imagem pública em uma autêntica e desajeitada Bridget Jones. Você está disposta a isso de verdade?

6. **O mais musculoso.** Sylvester Stallone foi, com seu corpo trabalhado, um dos exemplares masculinos mais musculosos do cinema, ao lado do austríaco Arnold Schwarzenegger, do belga Jean-Claude van Damme e de algum outro protagonista dos filmes de ação de maior sucesso. Mas Stallone bem que poderia ser considerado o símbolo desse *Homo academius*, ao ter marcado a História como o representante desses homens robustos que se esculpem na academia, graças às suas séries de filmes *Rocky* e *Rambo*. Braços robustos, abdômen de tablete de chocolate, pernas duras, bumbum durinho, costas largas e aspecto de força. Esses são seus principais atributos físicos. E, obviamente, eles a deixam louca.
   Você sabe qual seria sua principal vantagem com um homem desse calibre? Você teria um guarda-costas que zelaria perfeitamente por sua integridade física, e também um tipo com o qual brilhar pela rua. No verão, as camisas de time ficariam fantásticas neles. Mas, em contrapartida, você teria um companheiro que todas as suas amigas, tanto as velhas quanto as novas conhecidas, inclusive qualquer desconhecida com a qual você cruzasse na rua, olhariam-no de forma desafiadora, sem disfarçar. Todos os olhares femininos se dirigiriam sem nenhum tipo de vergonha a seus bíceps e costas largas, enquanto você seria ignorada por completo. Quanto tempo você poderia aguentá-lo sem se estressar e pensar que é um zero à esquerda ao lado desse tipo quadrado? Quanto tempo sem que o ciúme a roa por dentro?

7. **O mais sexy.** Brad Pitt foi declarado o "homem mais sexy do mundo" pela revista *People* depois de filmar *Lendas da paixão*. Esse loiro dos sonhos subiu à fama com seu papel de mochileiro em *Thelma e Louise*, no qual despertava o interesse

das intérpretes Susan Sarandon e Geena Davis. Anos depois, ele converteu-se em um homem maduro, ainda muito sexy, que soube fazer brilhar como ninguém a sua saia em *Troia*. Pitt deixa qualquer mulher deste mundo boquiaberta com o papel de pai coruja ao lado de sua companheira Angelina Jolie e com seu envolvimento solidário em várias causas. Duas faces que, sem dúvida, rodeiam seu perfil de homem sexy, que já não o acompanha somente por sua aparência, mas também por todas essas características que completam sua personalidade e o fazem ainda mais desejável aos olhos do público feminino.

Qual é o lado ruim desse tipo? O certo é que, numa primeira impressão, parece que não existe nenhum. É difícil fragmentá-lo e encontrar um defeito, mas com certeza existe algum. Você se vê com um amante de causas solidárias que a obrigue a arrastar todos os seus pequeninos por países tomados por doenças infecciosas e falta de comodidade? A outra opção é que ele saia de viagem enquanto você, abnegada esposa, espera-o em casa tomando conta da prole de vocês. Vamos, apenas uma mulher solidária pode estar junto a um tipo solidário. Do contrário, prepare-se para as brigas.

8. **O mais sedutor.** George Clooney divide com seu amigo Brad Pitt o título de "homem mais sexy do mundo" da revista *People*. Ele já foi eleito duas vezes. Mas, por ser tão atraente, tem alergia a casamento – já que se casou somente uma vez e confessou que foi um fracasso e que prefere ter amigas – e uma grande habilidade para cativar as mulheres. Por ter sido propaganda publicitária em vários anúncios televisivos, o título mais adequado para ele poderia ser o de "sedutor". De fato, mais de um entrevistador o questionou sobre seus dotes de sedução. Em entrevista a uma jornalista do *El Imparcial*, respondeu: "A sedução é compatível com o homem que sou hoje. Se dar o lugar a uma mulher, levantar quando ela chega ou deixá-la passar à frente em uma porta são sintomas de 'homem antigo' e sedutor, então é claro que eu sou assim. Acredito que o homem é o que tem de fazer essas coisas e não o contrário".

Você colocaria um George Clooney em sua vida? Eu não lhe recomendo. Você pode ficar louca: ele a tratará como uma rainha, mas, ao virar a esquina, quando a tiver despistado, deixará outra deslumbrada. Da mesma forma que abre a porta do carro para você, deixa-a passar primeiro ou levanta a sedutora sobrancelha, fará o mesmo com as demais. É o tipo que fugirá do compromisso e que não deve figurar em sua lista de candidatos. Não lhe interessa comprá-lo; alugue-o para um momento ou para uns dias sem compromisso.

9. **O mais elegante.** Pierce Brosnan figura nas listas dos homens mais elegantes do mundo. O irlandês, que protagonizou vários filmes da saga do superagente secreto 007, James Bond, destaca-se de forma indiscutível por sua elegância. E não somente por sua figura – os trajes caem-lhe como uma luva –, mas também pela discrição com a qual leva sua vida privada, que tem sido exemplar. Brosnan, como bom católico, é um homem muito familiar: casou-se somente duas vezes com duas atrizes, a primeira das quais faleceu por câncer, e tem cinco filhos. O novo James Bond, Daniel Craig, segue seus passos, já que foi reconhecido como o homem mais elegante do Reino Unido por um seleto júri, integrado por especialistas de moda reunidos pela revista *GQ*. Mas Brosnan, sem dúvida, reúne todo o aspecto de um impecável, cuidadoso, elegante e discreto *gentleman*. Seu estilo perdura. E, sem dúvida, é um modelo de compra para toda a vida.
Você ficaria com alguém assim? Pense. A elegância tem um preço. Nem todas nós somos capazes de estar à altura de um homem impecável. Você teria de se vestir com roupa dos melhores estilistas – fim do *prêt-à-porter* –, deixar o salário em alguns modelitos, depilação, limpeza de pele, manicure, pedicure, cabeleireira e maquiadora. Temos de admitir que para um homem é mais fácil e menos exigente ser elegante do que para uma mulher. Você se veria obrigada a passar muito tempo para conseguir ser assim e, se falhasse somente um dia – esse típico dia no qual você se suja comendo em um restaurante de cinco garfos ou aquele no qual sua saia rasga e deixa descoberta suas pernas não

depiladas –, ele levaria toda a glória, e você cairia no mais espantoso ridículo. A imagem de elegância dele sairia reforçada, e a sua, prejudicada. Melhor buscar um homem com um estilo mais normalzinho e você poderá seguir mais relaxada pela vida.

10. **O mais interessante.** Sean Connery conservou e, inclusive, aumentou seu atrativo com o passar dos anos. O escocês, que também foi um dos intérpretes mais famosos de James Bond e que logo protagonizou outros filmes brilhantes, converteu-se em um exemplo paradigmático de homem maduro e interessante. Claro que podemos pensar em outros que se conservam estupendos, como Harrison Ford ou Richard Gere. Mas Sean, com seus cabelos grisalhos, seu rosto que sempre foi muito masculino e seu físico corpulento, tornou-se um senhor com ar muito respeitável que não perde seus dotes de sedução com o passar do tempo. Além disso, sua vida estável com suas esposas – casou-se somente duas vezes – faz dele alguém ainda mais seguro e desejável. O homem que toda mulher desejaria levar para casa para sempre.
    Chama-lhe a atenção? Um homem assim é um valor seguro, mas também um perigo. Ao seu físico imponente, sem data de expiração, soma-se sua madura personalidade. Tem muitos anos de experiência e saberá manipulá-la a seu favor e seduzi-la para fazê-la cair em suas redes sempre que lhe convenha. Com alguém assim, você corre o risco de ser dominada ao invés de dominar a situação. Talvez você se lembre da autoridade paterna que impõe decisões, gostos e uma forma de ver a vida e aproveitá-la que não necessariamente é a sua. Fique atenta. Com um tipo oportuno e maduro, você corre o risco de virar ninguém. E são muitos os anos de dominação masculina. Assim, evite-os em casa.

A estrela: o de montão

Até aqui, mostrei-lhe um ranking com os homens mais apresentáveis do planeta por uma ou outra casualidade. Pense duas vezes antes de lançar-se por um que apresente somente uma categoria e tente buscar alguém que se destaque por sua normalidade.

A moral é clara: não tenha intenção de adquirir um tipo brilhante em apenas uma capacidade. Lembre-se de que "a virtude está no equilíbrio". Agora, se você der de cara com um deles, também não o despreze. É lógico que você aspira por um *top*. E quem não? Mas esteja consciente dos riscos e inconvenientes que cada modelo tem, escolha o que tenha as utilidades mais adequadas para seu estilo de vida e seus gostos e, acima de tudo, tenha claro para você quais são os modelos de compra e os de aluguel. Como eu disse, o modelo George Clooney dificilmente dura a vida toda, logo deixa de funcionar como lhe interessa. O conveniente é alugá-lo por dias e até mesmo por horas. Ao contrário, os modelos Pierce Brosnan e Sean Connery, que demonstraram uma grande estabilidade com suas mulheres, estão aptos para a compra. Dei-lhe as chaves, agora você escolhe!

Segunda parte

Passe para a ação! Como conseguir deles o que você deseja

1 Em casa

Conviver em casa com este ser chamado "homem" pode ser um benefício ou uma maldição. Como conseguir que seja benéfico quando a convivência entre homens e mulheres carrega séculos e séculos de machismo? Ainda que pareça impossível deixar de ser cozinheira, passadora de roupas, costureira, senhora da limpeza, enfermeira, administradora das contas do lar, secretária e a única que cuida dos filhos e dos pais de seu marido ou companheiro, tudo é possível. Ao ler essa lista de tarefas que a História e a dominação dos homens estabeleceram para as mulheres, você certamente ficou sem fôlego. Sua primeira ação para livrar-se delas é mudar de mentalidade. Quem disse que a você pertence o papel abnegado de mãe, esposa, dona de casa e, para aumentar a piada sem graça, trabalhadora perfeita?

Mude o *chip*

Seu primeiro dever para reabituar as coisas de casa e criar uma relação de convivência homem-mulher saudável é mudar de mentalidade. Para conseguir isso, você deve conhecer seus antecedentes. Você sabia que, na História, sempre existiram mulheres que mandavam em casa? Autênticas matriarcas e, inclusive, sociedades matriarcais organizadas em torno da capacidade feminina de comandar. Os matriarcados vêm da palavra latina *mater*, que significa "mãe", e da palavra grega *archein*, que quer dizer "governar" ou "poder" e, como seu nome indica, eram sociedades (ainda restam algumas) nas quais a mulher exercia o poder sobre o homem. Diversas tribos ameríndias, como os Guajiros, também chamados de Wayuú, e os Mapuches, conhecidos como Araucanos, são exemplos dessas civilizações.

Além disso, do ponto de vista biológico, na própria natureza existem espécies de animais nas quais o papel protagonista é dado às fêmeas. Na colmeia, toda a vida gira em torno da abelha-rainha. Os zangões – que nome mais perfeito! –, ou abelhas-macho, nascem de ovos não fecundados com a missão de fertilizar a rainha e morrem depois da cópula, já que durante este momento ele desprende-se de seu aparato genital. Além disso, se o alimento for insuficiente, as abelhas-obreiras (fêmeas) expulsam os machos e eles morrem de fome e frio fora da colmeia. O domínio das fêmeas está claro nas colônias apícolas. E esse não é o único exemplo. No formigueiro ocorre exatamente o mesmo. Tudo gira em torno da formiga-rainha, que só coloca ovos masculinos quando chega o momento de criar uma nova colônia. E os machos, que nascem de ovos não fertilizados, têm a única finalidade de fecundar a rainha e morrem pouco depois do acasalamento. Se existem esses exemplos no passado e na natureza, isso significa que a fêmea pode exercer o poder, ser a rainha da sociedade e que você pode ser a rainha de sua casa!

Mudar de mentalidade não é fácil. O peso da educação e da cultura que se teve durante a infância incrusta-se nas formas de entender a vida e nos comportamento, e é difícil liberar-se delas. Mas difícil não é impossível. Em certas culturas, desde a mais tenra infância, dá-se a irmãos e irmãs tarefas distintas somente pelo fato de serem meninos ou meninas. A elas, ensina-se a cozinhar e é exigido que ponham e tirem a mesa, enquanto seus irmãos permanecem sentados aguardando que lhes sirvam a comida. Elas devem arrumar a cama deles e aprender a fazer as tarefas do lar, enquanto eles se dedicam aos estudos. Presume-se que o papel delas na vida será cuidar dos homens e, muitas vezes, são privadas de estudar além do ensino primário ou secundário. Chegar à universidade é um privilégio que se reserva aos homens. Esses papéis, tão estereotipados, ainda que nos pareça mentira, seguem vigentes em muitas culturas e países. E transmitem-se de geração a geração.

Talvez a tenham educado assim. Ou sua mãe lhe explicou que assim foi a educação dela. Ou talvez você conheça alguma mulher de outra cultura que aprendeu a viver a vida dessa maneira e para a qual é inconcebível afrontá-la de outra forma. Nada além do serviço ao homem. Sua aspiração deve ser libertar-se do peso dessa terrível educação machista com a qual crescemos. Como vimos, até nas sociedades do reino animal existem exemplos. Você sabia que uma das funções dos zangões é ficar entre as células para dar calor às crias e liberar as fêmeas dessa tarefa para que possam desempenhar outras funções? Em qualquer um dos supostos, a mudança de mentalidade e a liberação para certos trabalhos sempre são possíveis.

Mude seu *chip*

Até aqui, vimos que é fundamental que você mude o *chip* para conseguir que seu homem faça o que você deseja em casa. Para alcançar mudanças, devemos primeiro mudar a nós mesmas. Mas outro passo de igual importância é conseguir que seu companheiro ou marido assuma e compreenda que ele também tem de mudar. Obviamente, se ele estava acostumado a chegar em casa, se esticar no sofá, tirar os sapatos, pegar o jornal e o controle da televisão e dizer que quer que você leve a ele uma cerveja, não verá graça em você deixar de servi-lo e de estar a sua disposição. Mas como você tem a astúcia, com a qual, graças a Deus, nascem quase todas as mulheres, você saberá ter a mão firme que requer essa difícil mudança de mentalidade no homem. Tome nota de como prepará-lo para o novo tipo de convivência que você deseja ter com ele no lar.

Passos para alcançar a mudança

1. **Estabeleça pequenas mudanças de forma sutil.** Diga que está cansada e peça que ele realize uma primeira tarefa por você. Pode ser descer com o lixo, colocar as crianças para dormir, fazer a lista de compras (ou seja, pensar no que falta em casa), ir pagar um recibo no banco ou pegar uma roupa

na lavanderia. Essas primeiras tarefas não devem ser muito difíceis de serem realizadas nem exigir muito tempo.

2. **Faça com que ele se habitue às tarefas.** A princípio, é aconselhável que ele se habitue a executar alguns pequenos trabalhos caseiros e que, sem se dar conta, incorpore o costume de fazer tarefas que até agora havia pressuposto corresponderem única e exclusivamente a você, a mulher da casa. Você deve tentar fazer com que ele assuma dois ou três encargos semanais em seu lugar e que o faça todas as semanas.

3. **Passe ao segundo nível: deixe-o encarregado de uma tarefa doméstica.** Quando você considerar que seu companheiro ou marido assumiu que é função dele descer com o lixo ou ir pagar as contas, terá chegado o grande momento de pedir que ele faça uma tarefa do lar para você. São tantas! Vá provando as distintas opções até encontrar uma que ele seja capaz de realizar, de modo que você não precise refazê-la e tenha, assim, mais trabalho. Lavar a louça, secar e guardar os pratos, estender ou recolher a roupa, passar, tirar o pó, varrer, esfregar, limpar os enfeites, organizar os armários, arrumar as camas, sacudir as almofadas, ir ao mercado ou cozinhar (deixe que faça um macarrão instantâneo, mulher; lembre-se de que ele é um principiante e o importante é que ele faça alguma coisa).

4. **Reforço positivo.** Abrace-o e beije-o, se necessário, para agradecer pelas tarefas do lar que ele faz por você. Diga que vai recompensá-lo cozinhando seu prato favorito ou comprando um presentinho-surpresa. Mas, acima de tudo, enfatize como ele fez bem essa tarefa. Quão brilhante ficou o chão depois que ele o esfregou, quão organizada ficou a cozinha, quão bem ele escolheu a primeira receita. Dê a entender que ele é um ser muito valioso para você e que você valoriza muito seu esforço em ajudá-la.

5. **Três encargos e uma tarefa do lar por semana.** Agora seu grande desafio não é conseguir que seu companheiro consinta

em fazer vários encargos a cada certo intervalo de tempo e alguma tarefa do lar depois de várias semanas, mas, sim, que ele a ajude a dar conta de, pelo menos, três encargos e uma tarefa do lar, assiduamente, a cada semana. Se você quer converter seu companheiro em um ser tão hábil como você para fazter os trabalhos domésticos, não deve deixar que ele vacile. A inatividade nos torna, todos, mais preguiçosos, e vocês poderiam voltar a cair nos velhos padrões anteriores às suas tentativas de reformá-lo como "dono de casa".

6. **Limpemos juntos.** Depois dos primeiros passinhos nos trabalhos domésticos, chegou o momento de ensinar a seu homem a seguinte lição: *A limpeza, esse grande mistério*. Pode ser que algumas pessoas gostem de fazê-la, mas eu lhe garanto que a maioria não se entusiasma em dedicar seu tempo livre a tirar o pó e deixar a casa brilhante. Por que tem de cair exclusivamente sobre você esse trabalho entediante e duro? Sente-se um dia com seu companheiro ou marido e explique a ele que os dois vivem e sujam a casa. Por isso, os dois devem limpá-la. Se ele não está habituado a fazê-lo, comente que começarão aos poucos. Escolham um dia da semana (o sábado ou o domingo de manhã pode ser um bom momento), coloquem música e dividam as tarefas de limpeza ou os cômodos da casa. Mais uma vez, seu objetivo deve ser que essa divisão de tarefas se converta em um hábito na vida de vocês no lar.

7. ***Planeje* as tarefas.** Você já tentou de tudo. Foi aos poucos, mas não há remédio: seu homem não cede nem um milímetro a seus pedidos e fica preso à educação machista. Ensinaram a ele que a mulher existe para servir ao homem e o homem para ser servido pela mulher. Ainda existem pessoas assim – são as mais difíceis de convencer. Chegando a esse ponto, não retroceda em seu empenho. Inicie uma nova estratégia. Compre uma lousa e diga a ele que, a partir de agora, você vai distribuir as tarefas que cada um deve realizar semanalmente. Você deve ter uma desculpa preparada para quando ele lhe perguntar o porquê: porque você tem muito trabalho (se você trabalha fora); porque você não consegue fazer tudo já que cuidar das

crianças consome muito tempo (se vocês têm filhos), ou, se você não pensar em uma desculpa melhor, porque o médico disse-lhe que você deve trabalhar menos por algum motivo de saúde. Com o tempo, quando ele já tiver se habituado e interiorizado o planejamento, não lhe fará falta inventar uma desculpa. E, quando você fizer isso, não pense que você o está traindo. É uma mentirinha pelo seu próprio bem, para você não ficar doente tentando ser uma *superwoman* do lar.

8. **Converta o costume em lei.** Você e seu companheiro estiveram seguindo passo a passo esse plano de autêntica estratégia para libertar a lei machista do lar. Talvez você não alcance isso 100%, mas o importante é que você consiga incluí-lo em parte das tarefas e que todos esses costumes se convertam em lei. Quando isso acontecer, você notará que sua qualidade de vida terá aumentado notavelmente. Não somente porque estará liberada de parte do tempo e do esforço físico que requerem os trabalhos domésticos, mas também porque já não terá mais de brigar com seu companheiro para que ele as faça. Nesse momento, talvez seja sábio e positivo de sua parte reconhecer a mudança de *chip* e agradecer-lhe. Nem todos os homens estão dispostos nem o conseguem. Convide-o para jantar em um restaurante romântico e agradeça-lhe pelo tanto que ele tem mudado sua vida para melhor e por quão feliz você se sente seu a lado. Felicidades aos dois!

9. **Quando não há remédio.** Em seu caso, você chegou ao ponto número nove da estratégia. Não existe parabenização que o valha. Você fez o impossível. Seguiu todos os passos aconselhados e aplicou todas as táticas sutis recomendadas. No entanto, você não teve êxito. Chegou o momento de passar a planos mais drásticos: o clássico, ainda que custe mais dinheiro, é apostar em uma empregada doméstica que faça as tarefas mais complicadas e trabalhosas do lar para que você possa respirar. Se seu companheiro ou marido não está disposto a participar delas, ao menos que as pague! Mas, se você ficou com preguiça e nem essa opção vale, a sua solução é o plano B. Diga que você vai sair uns dias de férias porque não aguenta mais. Faça

as malas e vá para onde quiser. A viagem não deve durar menos de uma semana e meia, para que os pratos para esfregar, a roupa para lavar, o pó e a sujeira se acumulem em seu lar. O esperado é que, para não se afogar na imundice e na desordem, ele tenha de limpar alguma coisa. E, se não o fizer, que pelo menos quando você voltar, ele seja mais compreensivo com você e colabore mais.

10. **O ultimato: folga da limpeza.** Chegando a esse passo, agora sim você pode dizer que já tentou de tudo. É hora de partir para outra. Faça um ultimato: greve! Se, nos trabalhos, as domésticas decidem fazer greve para reivindicar seus direitos, por que não você? Se você trabalha horas e horas limpando seu lar enquanto seu marido não cedeu a nenhuma de suas súplicas e propostas, você está esgotada e sente-se pouco reconhecida por seu grande trabalho, declare-se em greve. Ainda que a casa caia em sua cabeça, deixe de limpá-la. Faça os serviços mínimos: lavar a louça, descer o lixo ou colocar alguma roupa na máquina para você poder se trocar. Mas, fora essas tarefas básicas, não toque no esfregão nem na vassoura. Tenha determinação e não ceda às mais mínimas tentações de limpar a casa. Quando ela estiver cheia de porcaria até o último milímetro, vocês terão de tomar uma decisão conjunta: formar uma equipe e limpar juntos ou contratar essa doméstica de que vocês tanto necessitam.

Que estilo de homem você quer?

Você trabalhou muito para fazer de seu homem um autêntico "dono de casa", mas talvez não fosse exatamente isso o que você queria dele. Decida que papel você quer que seu companheiro desempenhe em casa. Talvez ele possa contribuir em outras tarefas ou de outras formas.

- **O pau-pra-toda-obra.** Esse tipo sempre foi um companheiro muito habilidoso. Coloca um quadro aqui, monta um móvel ali, pinta as paredes e faz todos os tipos de obras. Se você se sente incapaz de fazer essas tarefas, seu homem ideal é o pau-pra-toda-obra. Além disso, você economizará dinheiro. A contrapartida, nesse caso, é que ele pode limitar-se a exercer esse papel masculino clássico, que somente é necessário quando uma torneira quebra ou quando existe outro defeito no lar, e se equivoque em todas as demais tarefas. Assim, mande alguns recadinhos extras, como ir às compras. Carregar as sacolas também é coisa de homens. Diga que ele tem mais força e músculos e peça que lhe dê uma mão.

- **O mestre-cuca.** Você sempre desejou ter um Alex Atala em casa! Se notar que seu homem tem um pezinho nesse gosto por receitas, incentive-o, saboreie cada um de seus pratos e elogie o resultado como se fosse um manjar dos deuses. Você verá que, em breve, terá o cozinheiro da casa. Você o tem de bandeja. No entanto, assegure-se de que o *chef* seja autossuficiente e deixe a cozinha arrumada depois de cada sessão. Não permita que sobre para você ser auxiliar de cozinha e lavar toda a louça, secá-la e guardá-la.

- **O multitarefas.** É o grande troféu a que aspiram todas as mulheres: um tipo capaz de tudo, a ponto de não resistir nem à cozinha, nem aos trabalhinhos simples, nem à limpeza. Bendita sorte! Nesse caso, seu grande objetivo será evitar que ele se canse de fazer uma grande quantidade de tarefas. Não se balance e o ajude um pouco para conservar essa joia que você tem.

- **O canguru ideal.** Esse é o pai que todas buscamos cada vez que conhecemos um homem: ele dá mamadeira, troca fraldas, busca as crianças na escola, faz as lições de casa com elas, brinca e as leva ao médico. É o canguru ideal. Além de você não precisar pagar para que alguém cuide delas, também aí está o melhor: cada vez que você tem de sair de casa, você fica tranquila. Seus filhos não poderiam estar em mãos melhores! Mas, atenção, não deixe que ele monopolize esse papel de canguru e, assim, livre-se de outras tarefas trabalhosas e pouco ou nada gratificantes. Vocês estão juntos no mesmo barco. Faça-o entender.

- **O encarregado.** É o tipo que se deu conta de que dentro de casa é um zero à esquerda. Qualquer tarefa que tenta realizar é uma tentativa em vão. Seu forte é ir fazer encargos fora de casa. Qualquer coisa, o que for, e ele faz com bom humor. Explore esse talento especial dele para ir comprar pão, comprar remédios em uma noite chuvosa, pagar contas no banco, buscar pacotes no correio ou enviar cartas etc. O que lhe vier à mente.

- **O limpinho.** É um homem ilustre, polido e limpíssimo. Um homem de raça. Não somente deixa o lavabo impecável, mas também sabe limpar a prataria, marcar perfeitamente as costuras das calças e está sempre a par dos enfeites do lar. Não resiste nem aos esfregões, nem aos vaporetos, nem aos aspiradores, considerados por muitos amigos exclusivos das meninas. Com um homem assim, você não terá de se esforçar nem aplicar nenhuma estratégia. Você somente deverá elogiar sua grande capacidade de trabalho e a qualidade com a qual ele o realiza. Em outras palavras, aplique reforço positivo ao máximo.

- **O cinquenta-cinquenta.** É o tipo que sabe fazer um pouco de tudo, mas que não brilha em nada. Faz tudo meio a meio e seu trabalho sempre dá a sensação de inacabado. Ao arrumar as camas, por exemplo, não se esforça em deixar os lençóis totalmente esticados, sem rugas. Mas, ainda que isso a deixe louca porque você tem de ir arrumando suas tarefas, recorde-se de que o importante é que ele o faça. Assim, estimule-o para que não desista, ainda que o resultado do trabalho doméstico não tenha a qualidade esperada.

- **O "hoje por você, amanhã por mim".** Esse protótipo também é uma boa opção. Normalmente, é polivalente, estilo multitarefas, mas, além disso, sua principal virtude é que adiciona à sua grande versatilidade no trabalho de casa um ponto de consciência elevada que o multitarefas não tem: o "hoje por você, amanhã por mim". Isso significa que ele é plenamente consciente de que em alguns dias ele deve assumir todo o esforço e o peso do trabalho no lar e de que em outros você é quem fará isso, para equilibrar a vida de trabalho e outros aspectos da vida de vocês. Esse tipo deu um passo a mais: já não é um homem que ajuda, mas, sim, um homem que trabalha em casa em igualdade de condições com você. O lar é dos dois, e vocês são uma equipe.

- **O dono de casa total.** É um homem completo. Um ser excepcional. Muito desejado e difícil de encontrar nesta sociedade, na qual ainda existe muito machismo solto por aí. Se você o encontrar, agarre-o forte e não o solte. Se você tem um multitarefas, capaz de fazer tudos, talvez você possa chegar a convertê-lo em um dono de casa total, ainda que não seja sempre possível. O dono de casa total é mais do que um multitarefas, já que este trabalha por encargo, às suas ordens. Você pede algo, ele faz. Mas o dono de casa total é muito mais completo, já que incorporou à sua maneira de agir a capacidade que toda dona de casa tem de pensar no lar, organizá-lo e prever o que falta para completar o freezer. Com o dono de casa total, você não vai mais pensar nisso. Você já não vai ter de fazer nada.

- **O organizado.** Não se destaca em nenhuma tarefa doméstica, mas deixa a casa perfeitamente em ordem. É o prêmio de consolação. Se você ama seu companheiro, mas se deu conta de que vai ser impossível reformulá-lo para que cumpra com dignidade alguns dos papéis que lhe expliquei, então faça com que, ao menos, ele seja organizado e deixe de largar os sapatos onde lhe convém – ou melhor, não lhe convém –, as cuecas onde lhe dê vontade, a maleta do trabalho no meio do hall e não no armário, as latas de cerveja e os saquinhos vazios de batata frita no chão da cozinha. Se você encontrou esse "presente", você fará muita coisa para tentar convertê-lo em um ser organizado ou, no mínimo, não tão desorganizado. E, se você tem um organizado por natureza, peça que arrume os armários e os cômodos cada vez que virem algo fora do lugar. Essa pode ser uma grande contribuição. Boa parte do tempo das tarefas do lar se consome arrumando a bagunça. Preste atenção a partir de agora, e você valorizará mais seu companheiro organizado.

Gosto: cada um tem o seu! Analise de qual tipo é o seu companheiro ou marido. Em seguida, eleja seu dono de casa ideal ou um substituto. Se você gosta do papel atual dele, siga adiante, reforce-o. E, se ele não lhe satisfaz, você já sabe, trabalhe para lhe dar tarefas, conquiste o terreno, mantenha-o e não ceda nem um pouco.

2 Às compras

"Ir às compras." Essa é uma expressão que pode causar um autêntico pânico em qualquer homem. Tanto quando se trata de ir ao supermercado para completar o freezer, como quando se trata de fazer as compras de Natal para toda a família, adquirir móveis novos para o lar ou utensílios e acessórios necessários para preparar uma viagem ou férias, um homem pode sofrer um colapso ao escutar essas três palavrinhas juntas.

Somente a ideia de ter que entrar em grandes supermercados ou em lojas cheias de gente e música "putz-putz" para que os compradores coloquem ritmicamente todos os tipos de objetos nas suas cestas lhes dá suor, tontura e mal-estar psicofísico. E isso não é tudo. Ainda existe algo mais que o faz sofrer enormemente: sair para comprar-lhe um presente. Isso lhe dá calafrios, dor de cabeça, dor barriga e todo o tipo de enfermidade.

Como mudar essa situação e converter o seu homem em um grande comprador? A tarefa é difícil, sem dúvida. Mas está claro que você não vai sempre carregar as sacolas, esperar em filas e, o que é pior, ter que decidir e comprar por ele todos os presentes para os aniversários de seus familiares e para as festas de Natal. Durante quanto tempo você poderá aguentar tanta tensão sozinha? Por acaso não precisa que ele escolha, cumpra e assuma as responsabilidades de seus próprios presentes? Você não está cansada de ele recriminar tudo o que você gastou e encher o saco por você ter esquecido a cerveja?

Antes de fazer dele um grande comprador, você deve considerar vários aspectos pelos quais você não merece continuar sendo a única responsável pelas compras familiares.

NÃO TOLERE QUE...

1. **Ele critique suas compras.** Você chega em casa carregada de um montão de sacolas, com os pés doloridos e suas contas com várias centenas de reais a menos. Você começa mostrar para ele todos os presentes que comprou para o Natal e, cada vez que mostra, ele faz um pequeno gesto ou solta uma pequena crítica. Você acredita de verdade que pode consentir com isso?

2. **Ele a encarregue de comprar todos os presentes familiares.** Seu companheiro tem por costume, desde o início do relacionamento de vocês, dar-lhe umas notinhas justo quando você está saindo de casa. Então, pede-lhe com um sorriso de orelha a orelha que compre um presente para a mãe dele, ou seja, sua sogra! E, claro, você acaba encurralada porque seu gosto e o dele diferem bastante e, acima de tudo, faz a sua vida impossível. Mas é a mãe de seu companheiro, e você não pode dizer que não. Você tem de enfrentar. Já pensou no porquê você sempre assume esse encargo? Das próximas vezes, não o faça, invente uma desculpa e diga que não tem tempo. Ou faça, mas quando chegar o próximo compromisso com sua mãe, diga: "Amorzinho, esta semana é o aniversário da minha mãe, e eu não vou conseguir de jeito nenhum comprar um presente para ela; tenho muitíssimo trabalho. Você se importa de ir comprar?". Se ele for inteligente, não deverá dizer que não. Se não for e negar-se, você terá a desculpa perfeita para dizer que não vai nunca mais comprar o presente da mãe dele, ou seja, sua sogra. Assim fica fácil.

3. **Quando ele sair para comprar, espere somente elogios.** O cúmulo da frescura será quando ele for digno de ir fazer compras e chegar em casa esperando que tudo seja elogios e tapinhas nas costas. Não coloque, obviamente, mais peso sobre ele, isso não a interessa, pois o mais prático e útil para você é que ele adquira a maioridade na árdua tarefa de sair às compras e, assim... dar uma de cal e areia. Lembre-se de quantas vezes ele a criticou pelo presentinho que você comprou para a irmã ou a mãe dele, depois de você ter dado voltas e mais voltas e acabar com as pernas cansadíssimas e umas varizes a mais. Tenha isso em mente e valorize seu esforço, mas nestas condições: "Muito obrigada, amor, pelo esforço, mas acho que da próxima vez você vai fazer muito melhor". "O que você quer dizer com isso?", ele vai perguntar. "Ah, muito simples, é a primeira vez que você vai às compras sozinho (ou uma das primeiras vezes, você pode dizer-lhe) e qualquer um pode ver que ainda falta treino e que você tem muito o que aprender. Este presente é inapropriado para uma menina jovem como a sua irmã, e este outro, muito moderno para a sua mãe." Com certeza algo vai passar por sua cabeça. O importante é que ele capte a ideia de que ainda tem muito para aprender e que necessita praticar.

4. **Ele compre só o que gosta.** Peças e novos acessórios para o carro, jornais, roupas de esporte, aparelhos eletrônicos, casacos da moda e entradas para jogos de futebol. Esse é o repertório de compra de seu companheiro: fora desse reduzido e chato leque de possibilidades, as compras não existem para ele. Nesse caso, você deve conseguir que seu parceiro compreenda que o GPS e os alto-falantes estéreo do carro não são para comer, que ele não pode deixar o salário virar um celular a cada três meses, mas, sim, encher a geladeira a cada mês, e que o carrinho de feira não é um móvel auxiliar da casa, mas uma maleta com rodas que pode se deslocar até a loja mais próxima e voltar cheia de alimentos. Para que ele entre no eixo, rastreie todo o dinheiro que ele gasta em aparelhos e besteirinhas inúteis e converta o valor em número de carrinhos de feira ou parcelas da hipoteca que vocês poderiam pagar por ano com a mesma quantidade. Apresente-lhe um resumo das contas com

suas equivalências e detenha-o. Ele também deve assumir as compras de alimentos e objetos úteis para toda a família, e não somente as de uso e aproveitamento pessoal.

5. **Ele reduza seu repertório às lojas de mau gosto.** Seu homem volta das compras com um sorriso de orelha a orelha. É a viva expressão da satisfação plena. Mas sua mandíbula cai quando ele começa a mostrar-lhe as compras e todas reduzem-se a figurinhas e objetos cheios de lantejoulas comprados em lojas chinesas, roupa usada de brechós, peças feias de outlet que ninguém nunca quis comprar e que estavam em liquidação. E quem disse a esse homem para se conformar com os restos e porcarias que logo saem mais caras? Se esse for o caso de seu querido companheiro, você vai ter de sair com ele e instruí-lo no apaixonante mundo das compras. Se você não quiser passar vergonha quando seus sogros abrirem os presentes, ensine-o quais são as lojas que apresentam bons produtos, preços e classe, tudo ao mesmo tempo.

6. **Ele seja um viciado em marcas e leve seu dinheiro.** É tão horroroso que seu homem faça as compras em uma loja cheia de artigos bregas e de mau gosto como que ele seja um cara viciado em grandes marcas, criticando as roupas que você compra com desconto e pulverizando seus cartões de crédito. Você com certeza está se perguntando se esse ser materialista tem volta. A esse altura da vida, pode ser que não, mas você pode chegar a um acordo com ele: para cada "porcaria" que ele comprar, você compra outra e lhe mostra. Quando vocês chegarem a uma montanha de contas impossíveis de pagar, ele terá de frear, e você deverá elaborar um plano para enxugar as dívidas de vocês. A outra tática que você pode adotar, mais drástica, é deixar de compartilhar todas as suas contas e cartões de crédito e estabelecer contas separadas até que ele deixe de ser mão aberta.

Converta seu homem em um grande comprador

E aí? Você conseguiu frear o seu homem em todos esses maus costumes relativos às compras? Principalmente se o seu for um alérgico ao ato de comprar, você deve, sem dúvida, fazer dele um grande comprador.

1. **Saia para fazer compras com ele, mas por pouco tempo.** Se seu homem sempre teve alergia às compras, você deve atuar com ele como uma autêntica alergista. Dê a ele a vacina correta. Ela consiste em proporcionar, em pequenas doses, o fator a que ele é alérgico – ir às compras – até que se habitue e deixe de ter reações além do normal. Então, no começo, leve-o aos poucos. Para a aquisição desse hábito, como de qualquer outro, o mais importante é a regularidade. Uma dose elevada logo de início pode saturá-lo e provocar um autêntico *shock*. Então, tenha paciência.

2. **Evite as aglomerações.** Não há nada mais desfavorável do que levar um alérgico às compras a uma grande loja ou a um centro comercial lotado, de modo que você deve evitar sair com ele na véspera de Natal e em qualquer momento festivo do ano em que seja necessário comprar presentes. Obviamente, você também deve fugir de supermercados em véspera de feriado, quando todo mundo sai para comprar como se uma guerra estivesse para começar.

3. **Comece por pequenas lojas selecionadas.** O ideal é que você o leve para comprar em pequenas lojas que sejam as *número um* do setor. Estabelecimentos comerciais que são diferentes, não necessariamente caros, mas únicos e especiais. Esses que inclusive saem em todos os guias de turismo de sua cidade. Se ele não gosta de ir às compras, que pelo menos admita que gosta de conhecer os comércios mais emblemáticos, de design interessante e prestígio na cidade.

4. **Seduza-o levando-o para comprar o que ele gosta.** Outra tática genial para começar a fazer de seu homem um autêntico adepto das compras é dar um docinho para ele. Procure na internet, nas páginas amarelas ou onde for, e leve-o a uma loja de soldadinhos de brinquedo, maquetes, antiguidades, coleções de selos ou moedas, utensílios marítimos, roupas esportivas... seja lá o que

ele goste, e compre um presente ali mesmo. Logo, quando ele estiver de bom humor, leve-o para passear nos arredores. Mostre para ele outras lojas próximas. Entre em uma e prove uma roupa. Peça que ele a espere e lhe dê uma assessoria. Em razão do gesto que você teve antes com ele, só um idiota se negaria. Tanto se você comprar a roupa como se você não comprá-la, agradeça e diga que você gostou muito de sair com ele e que espera voltar a fazê-lo. Depois, você pode finalizar a tarde em um café próximo e relaxar. Se essa experiência não tiver sido traumática para você, será mais fácil repeti-la.

5. **Leve-o para passear em um bairro comercial.** Outra ideia é que você o leve para passear e não diga o local. Leve-o com diplomacia a um bairro que, curiosamente, seja comercial. É muito melhor sair e dar uma volta ao ar livre e ir vendo todo o tipo de vitrine do que ir a um centro comercial fechado, cheio de gente, onde sua cabeça e a dele podem acabar doendo. Em algum momento do passeio, repita a operação que lhe sugeri anteriormente. Aproveite e tente entrar em alguma loja e fazer alguma compra. Depois, vocês podem finalizar a tarde sentados em algum café ou restaurante próximo, de modo que ele não tenha a sensação de estar o dia inteiro vagando de um loja a outra, com as pernas cansadas e os braços exaustos de carregar pacotes, mas a de terem passado uma tarde agradável juntos. Faça com que esses momentos prazerosos sentada junto a ele no restaurante sejam os últimos gravados na cabeça dele. Dessa forma, na próxima vez que você propor de sair para passear e "fazer algumas compras", ele não resistirá e aceitará com gosto.

Instrua-o na arte dos provadores

Até aqui, você viu como introduzir pouco a pouco seu homem ao apaixonante mundo das compras. Agora chegou o momento de analisar qual é a relação dele com as compras: diante de qual tipo de comprador você está? Você acredita que poderá reformá-lo?

- **O metrossexual.** É o homem que sai às compras com suas melhores roupas, feito um autêntico príncipe, um penteado com o *look* da moda e perfumado com a fragrância do momento.

Quando você sai com ele, sempre se pergunta: "Para quê?". Obviamente, vocês renovam o vestuário dele, e o seu fica em segundo plano. Se você está cansada de sentir-se deixada de lado, talvez deva substituí-lo por um tempo e sair com sua melhor amiga. Se ele for um pouquinho inteligente, saberá ler nas entrelinhas que lhe cansou e, talvez assim, na próxima vez saiam os dois às compras, em vez de ele ir comprando sozinho tudo de que necessita.

- **O marujinho.** É o grande desejo de toda mulher. Esse homem está disposto a fazer qualquer tipo de compra: uma nova cortina para o banheiro (não qualquer uma, mas uma que combine com as toalhas), ferramentas, alimentos frescos e com bom preço (já que é capaz de deslocar-se até o mercado) e roupas que caem bem para toda a família. Conhece todas as lojas do bairro de cor e salteado, cada parada do mercado e sabe quais são as melhores ofertas em cada um deles. Com semelhante tesouro, o grande trabalho que você tem adiante é conseguir que isso não suba à cabeça dele.

- **O formal.** No estilo clássico (com sua camisa polo e suéter) ou moderno (com camisetas customizadas e detalhes variados), é o típico homem que dá dor de cabeça. Se você também é assim, então é perfeito: um serve para o outro. Vocês passarão um bom tempo indo juntos às compras. Mas, se você não é, pode ser que passe por um péssimo momento: ele sabe mais do que você sobre todas as marcas, modelos e lojas. Está atualizado em tudo. Seu grande objetivo será aprender a comprar roupa que não seja sempre de marca e a utilizar o dinheiro num sentido comum. Se você quer reformá-lo, mostre a nota com os preços e faça-o ver que, somente com um suéter dele, vocês podem comprar outras quatro peças de roupa (e não necessariamente baratas) ou encher a geladeira por uma semana.

- **O automático.** É o típico homem que só sabe comprar se você fizer a lista. Quando vocês saem juntos, ele limita-se a andar ao seu lado ou atrás de você com a sacola ou o carrinho de compras. Não participa de nenhuma decisão. Tem muito claro para si que a sacola de compras é sua. E somente dá-se ao trabalho de dar-lhe o cartão de crédito no momento de pagar. Que tédio! Um árduo trabalho a espera com ele, mas você pode ameaçá-lo dizendo que ou ele se anima ou você desiste de ir à casa da família dele no Natal. É um pequeno sacrifício, já que ele não é capaz de envolver-se nessa tarefa do lar.

- **O "músculo-man".** Esse tipo musculoso só sabe levar as sacolas das compras. Vai atrás de você como um guarda-costas, carregado de pacotes para encher vários armários. Você gosta de exibir esse tipo bombado, digno de anúncio, cada vez que sai para comprar. Você gosta de encontrar-se com uma amiga ou talvez com um companheiro de trabalho no centro e gosta que eles observem o seu superajudante. Mas, sendo sincera com você mesma, você não acredita que essa forma de ir às compras algum dia vai enjoar? Pode ser que ele se canse de ser o "músculo-*man*", de arcar com tudo e de que você seja a voz que dita as compras. Assim, a partir de agora, tente carregar alguma sacola a mais (não se trata de carregar tudo nem de dar-lhe dor nas costas), como um bonito gesto a seu companheiro, e convide-o para participar mais do programa.

- **O ingênuo.** É um diamante bruto. É o típico homem de bom coração que a acompanha em tudo sempre que você pede; não se negará a acompanhá-la e a esperará fortemente ao lado da porta do provador, carregado de roupas até a cabeça. Você o tem sob seu domínio. Parece o homem perfeito, mas você gosta de verdade de ter um fracote dançando em seu ritmo? Cada vez que você sai do provador, corre o risco de que ele lhe diga uma mentirinha piedosa e lhe jure por tudo que todas as roupas que você prova lhe caem bem, quando não é verdade. Fique atenta. Para comprovar que ele não é um mero comparsa e que você pode confiar nele como assessor, chame a sua melhor amiga, mostre-a o que você comprou e peça que ela lhe diga a verdade: se a roupa lhe serve ou não. Se sim, você é sortuda. Você tem o homem ideal para sair às compras. O sonho de toda mulher. E, se não, você já sabe o que tem em casa.

- **Cara de acelga (o sem-graça).** Se esse é o seu homem, você está presa em uma grande confusão. É o tipo que, somente por escutar a palavra "compras", torna-se um autêntico sem-graça. Sai de casa arrastando os pés apenas porque sabe que, se ficar, terá que enfrentar consequências muito piores, porque seus gritos ecoarão em toda a escada e os vizinhos ficarão inteirados sobre seu grande espírito vagal. Ele a acompanha com má vontade, chiando e com uma expressão facial bastante parecida com este *emoticon*: ☹. Pelo bem da sua saúde mental, se seu homem é um "cara de acelga", é melhor que você o deixe em casa. Você já sabe, como diz o ditado, "antes só do que mal acompanhada". Depois, ele não poderá dar nenhum "piu" sobre as compras que você fez e, quando fizer isso, você terá a desculpa perfeita para que, da próxima vez, ele se levante do sofá e seja digno de acompanhá-la.

- **O alérgico a compras.** É esse tipo que somatiza tudo e, só de ouvir a palavra "compras", muda de cor, respira mais intensamente e tem tonturas. É o típico homem que você terá de seduzir aplicando os conselhos anteriores, como sair às compras, porém pouco a pouco, levá-lo disfarçadamente a um bairro comercial, começar comprando algo de seu gosto etc. Lembre-se: introduzir lentamente a substância à qual ele é alérgico pode chegar a reduzir a alergia a quase nada e, inclusive, aquela de longa data a tudo que cheira a compras. Além disso, quando lhe vierem dúvidas, lembre-se: quão alérgica você era à futebol antes de conviver com ele e quantos jogos você teve de engolir por sua causa? Quantas vezes ele monopolizou a televisão para ver tudo de futebol e privou-a de ver os programas dos quais você gosta? E se o seu homem não faz parte dos 90% que amam esse esporte, com certeza ele tem outras manias que lhe deram alergia. Use um pouco a memória e encontre argumentos e forças para transformar seu alérgico a compras em um artista completo para essa atividade.

- **O gênio da lâmpada.** O gênio da lâmpada é um tipo parecido ao alérgico às compras, com a diferença de que aquele não se sente mal antes de sair de casa, mas quando chega ao centro comercial. Primeiro, ele fica contente porque tem uma desculpa perfeita para pegar o carro e sair com ele e enchê-lo com as compras de todo o mês. Assim, ele está livre dessa tediosa obrigação. Mas, menos de meia hora depois de vocês pegarem a senha do açougue, ele começa a ficar angustiado. "Quantos números estão na nossa frente?", "Olha quanta gente!", "Que horas são?", "Hoje é sábado, não vamos ter tempo de acabar as compras antes do jogo. Você não acha que podemos vir depois?", "Deus do céu, que devagar esses atendentes!". Essas são algumas das típicas frases do gênio da lâmpada. O que ele não percebe é que você está aí, no mesmo lugar, aguentando as mesmas filas. O conselho, nesse caso, é que você o mande buscar outros produtos da lista de compras; assim, pelo menos, você o distrai fazendo com que ele ajude, não terá de escutá-lo enquanto espera na fila e acabarão tudo antes do esperado.

- **O estilista.** Se esse é o seu homem, você ganhou na loteria. Ele reúne as qualidade de um acompanhante perfeito para renovar o armário, porque sempre estará disposto a acompanhá-la nas lojas de roupas femininas, ser seu guia e estar com você no provador dando-lhe assessoria sobre o que lhe cai melhor. Enquanto você prova uma roupa, ele voluntariamente – sem que você peça ou implore – irá repassar todas as peças da loja e buscar outros modelos e tamanhos até encontrar as que lhe servem perfeitamente! Seu ponto fraco é que ele não perde o glamour e, provavelmente, não será capaz de ir a um açougue ou a uma peixaria do bairro para buscar produtos para a casa. Aproveite suas qualidades, mas não deixe que ele apague sua personalidade. Para conseguir isso, peça que ele a acompanhe nas compras no supermercado, onde você se move como um peixe dentro d'água e pode ser a autêntica assessora e estilista dele. Faça-o ver que tão necessário quanto se vestir bem é comer bem. E, assim, ele terá de respeitá-la.

Como você viu, existem muitos truques que você pode usar para que seu homem adquira a cultura e o hábito de um grande comprador. No que diz respeito a você, tanto se você realmente gosta de ir às compras ou se você não gosta e vai por obrigação, lembre-se de tudo o que deve consentir: o mais importante é que essa atividade do lar não se delegue sistematicamente a você, e seu companheiro também aprenda a assumir a responsabilidade comum da tarefa. Pagar e não mover um dedo é fácil, mas sua implicação é difícil e cheia de mérito. Seu objetivo é levá-lo a seu terreno. Não ceda nem um milímetro de suas legítimas aspirações de compartilhar a esgotante tarefa de comprar. Por mais que você goste de provar a roupa da nova temporada, aposto que já não lhe parece tão agradável ficar na fila do açougue e consumir todo o seu tempo de sábado de manhã enchendo o carro das compras do supermercado e voltando para casa carregada como uma mula, enquanto ele continua dormindo ou vendo a Fórmula 1 no sofá.

Às vezes, a realidade não é tão estereotipada, mas outras vezes sim. Está em suas mãos a chance de transformá-la e nas de seu companheiro a de compreender que você quer fazer isso. Sempre que lhe venham dúvidas sobre a aplicação dos conselhos que lhe dei, não se sinta mesquinha. Pense que você tem tanto direito quanto ele de desfrutar do tempo livre e lembre-se de todas as vezes que você fez sozinha a compra da semana. Em seguida, são muitas as modalidades nas quais vocês podem entrar em acordo para chegar a uma situação cômoda e satisfatória para os dois: marcar turnos para ir às compras (cada um em um sábado) ou sair juntos para comprar; tanto uma como a outra são opções de igual valia. Provem até que encontrem o melhor sistema para os dois. E ganhe em qualidade de vida e cumplicidade com seu par. Venda felicidade em casa e ele comprará. Às vezes, as compras começam com uma pequena persuasão no lar e depois continuam na rua. Agora você já sabe.

3 De férias

Enfim! No horizonte, aparecem as desejadas e esperadas férias. Depois de meses e meses de trabalho, rotina e obrigações, já era hora de saborear de novo uma aventura mais intensa, conhecer as culturas mais remotas ou, se você preferir, descansar debaixo de uma palmeira na praia! Em definitivo, e resumindo, chegou o momento de desconectar e recarregar as baterias!

Mas, como uma moeda, as desejadas férias têm duas caras e podem ser também o momento mais temido. Você sabia que depois de um período de descanso é quando mais casais se separam? É uma prova de fogo pela qual, a cada ano, passam centenas de vítimas. Lógico! Tantas horas juntos fazem aparecer pequenos rancores guardados no fundo do coração durante semanas, meses ou até mesmo anos, a falta de interesses comuns, ou uma divergência total de caráter. Qualquer pequeno problema – a perda de um bilhete de trem no momento crucial, um sorriso a mais ao vizinho de chalé ou descobrir que esqueceram a câmera no quarto de hotel quando já estão lá no alto da montanha depois de três dias de subida – desencadeia um conjunto de discussões.

Todos depositamos um montão de esperanças nesses dias de descanso e estamos conscientes de merecê-los depois de brigar com chefes, sogras, vizinhos grudentos ou amigas engraçadinhas. Durante as intermináveis reuniões de trabalho, você imaginou seu próprio Éden de veraneio na costa do Caribe ou viu-se como Heidi, nos pés dos Alpes, correndo entre as flores. O aroma das mil flores das selvas da Costa Rica a acompanharam em centenas de dificuldades nas manhãs de segunda, e o som de um grupo de salsa fez-lhe companhia musical mental durante a consulta com o dentista.

E agora vem ele, o indivíduo que você tem de acompanhar durante intermináveis tardes de futebol e para o qual você tem de comprar roupas porque é incapaz de combinar branco com azul marinho, e lhe diz que já combinou com a mãe que passará o mês de agosto com ela na cidadezinha onde vive. Ou ainda pior! Com vários amigos solteiros, desses que sabem conversar tão bem como uma porta, alugou uma van e vocês vão dirigir durante... trinta dias!

Você vai tolerar isso? Como uma mulher moderna e capaz se viu presa a essa situação? Como você chegou até aqui?

Melhor prevenir do que sofrer em seguida

Se você se encontra nesse ponto, dar marcha ré sem provocar a Terceira Guerra Mundial vai ser muito complicado, a não ser que o destino em forma de traumatologista lhe ordene repouso durante dois meses depois de uma queda nas escadas. Talvez você tenha sorte e ganhe algum desses sorteios dos quais participou durante todo o inverno, e um senhor vestido com roupas de festa lhe traga em casa um pacote com tudo pago para as Ilhas Canárias. Comece a rezar para Santa Rita, padroeira do impossível, ou para todos os astros ou cruze os dedos ou...

Você não tem nenhuma intenção de aumentar a estatística de casais que terminam por causa da síndrome das férias. Você gosta de seu companheiro e tem claro para você que deseja continuar com ele, mas também está convencida de que merece passar as melhores semanas do ano para neutralizar os efeitos negativos acumulados.

Para evitar desgostos ou brigas, o melhor é ser prevenida. Como em toda batalha, a verdadeira vitória é preparada meses antes, em algum expediente ou reunião de alto nível em qualquer salão... de uma agência de viagens! Não permita que o tempo passe e que você se veja nesta derrota: passar o pior mês de sua vida, ficar sem companheiro ou cair na fórmula "cada um em seu canto", opção muito perigosa dependendo do homem que você tiver.

Antes de tudo...

- **Mulher prevenida vale por duas.** Quando você voltar das férias anteriores, comece a pensar no que você deseja ou no que necessita. Claro que tudo lhe parece longe, mas... você não pode vacilar! Faça-o com calma, é claro. Não se trata de comprar agora as passagens ou dizer algo para ele. De jeito nenhum! Não o deixe saber de suas cartas ainda, mas comece a mover os pauzinhos.

- **Chegue a um acordo com você mesma.** Pense bem no que deseja, já que, sem dúvida, ou você tem isso claro ou está facilitando para que ele, sua família e seus amigos façam contrapropostas. Pense melhor e tome seu tempo, mas, uma vez que você chegar a alguma conclusão, defenda-a com unhas e dentes. Sua credibilidade está em jogo. Se você não está segura, confiante e convencida, acreditará que ele pode impor sua vontade.

- **Melhor um na mão do que dois voando.** Não tenha somente um ás na manga. Não se trata de impor, como se fosse uma "ditadura de férias", um único destino salvador nem de obrigar que seu homem vá a um lugar que o horrorize. De fato, isso seria contra seus dias felizes. Você se imagina vendo uma cara desgostosa a cada dia no travesseiro do seu lado? Além disso, no mundo tão excitante em que vivemos, você nunca sabe o que pode acontecer em seu destino: desde um golpe de Estado a um Tsunami ou uma gripe aviária.

- **Busque a ajuda de um profissional** para que seu plano não apresente fissuras nas quais seu parceiro possa se intrometer e dar opinião. Recorra a agências de viagem, organizadores de atividades, amigos de confiança que já visitaram o mesmo destino... a quem for!

- **Apoios de ouro.** Quem você conhece que já fez antes o que você quer? Quais amigos, irmãos ou companheiros de trabalho?

Tenha uma rede de apoio, especialmente com membros que gozem da simpatia de seu companheiro. Descarte a mãe ou irmãs se elas não têm boa relação com ele e, obviamente, esqueça-se daquelas amigas que ele considera chatas. Lembre-se: fontes de prestígio farão com que sua opção ganhe brilho.

- **Material-base.** Durante as semanas anteriores ao Dia D – aquele no qual você colocará em prática seu plano –, recorra a todo tipo de material que pareça lindo aos olhos. Passe em agências de turismo, livrarias especializadas, bibliotecas, feiras... o que for necessário! Pôsteres, folhetos, livros, guias de atrações, algum filme...

- **Que acaso!** Veja se preparam algum programa de televisão que reforce sua proposta: um especial sobre a Mongólia ou uma reportagem sobre o fantástico turismo rural. Programe um jantar a sós em casa para esse dia. E como que por acaso... Olha só! Vocês o assistem.

- **Munições.** Em toda guerra, existem coisas das quais não se sentir orgulhoso. É o preço da vitória! Assim, durante semanas ou meses, registre todos os pequenos agravantes que você sofra por culpa dele, grave na sua memória todas as vezes que ele lhe disse alguma coisa que você não queria... Toda essa munição virá à tona no Dia D, no qual, por fim, você mostrará suas cartas e o fará saber no que você tem pensado para as férias.

A HORA DA VERDADE

Ainda estão disponíveis hotéis com camas livres ou os preços dos apartamentos na costa então alcançando valores absurdos. Esse é o momento de dar o golpe de graça. O que você espera? Faça-o participante logo de onde vocês passarão as férias antes que ele comece a suspeitar que você tem outro, pela quantidade de horas que você está na internet ou por culpa de suas visitas secretas às agências de turismo.

Deixe para trás a primeira fase de reflexão e preparação e traga à luz suas propostas. Para fazê-lo, tire o pó de todas as suas artes convincentes e seus melhores sorrisos. Você vai precisar deles. A amabilidade, o mistério, o romantismo, a tristeza... qualquer coisa é boa se o fim compensa. E, por acaso, você não o merece?

O Dia D

- **Dia e ambiente adequados.** Para tudo dar certo, você depende tanto do plano como do dia que escolher para apresentá-lo. Se você teve um mau período no escritório, se um familiar direto está doente, se você recebeu uma multa de trânsito ou se seu cachorro escapou, guarde sua senha. Melhor uma retirada a tempo. Como disse Felipe II quando a Invencível Armada se fundiu frente às costas inglesas: "Eu o fiz para lutar contra os homens, não contra os elementos". Além de um bom dia, é importante escolher o cenário adequado: não comente com ele das férias no meio de um congestionamento ou numa tarde de compras, mas, sim, quando vocês estiverem sentados de maneira cômoda em casa ou jantando tranquilamente em um restaurante.

- **Proposta direta.** Já disse em vários capítulos e não me cansarei de repetir: nossos homens necessitam de mensagens claras e diretas. Ao menos a maioria. Não vá com metáforas nem citações literárias. Exponha onde você gostaria de ir e o que gostaria de fazer de cara. Isso não significa que você o faça de maneira agressiva ou mandona. Cuidado!

- **Opções entre as quais escolher.** Como já comentamos antes, você deve ter várias opções na manga. Dê várias propostas, como por acaso, para que não pareça que você levou muito tempo tramando algo pelas costas dele. Inclua uma opção falsa: algo que você saiba que ele não gosta de jeito nenhum, um lugar que ele já visitou quando era solteiro ou uma atividade fora do combinado de vocês. Assim, por seu próprio peso, algumas opções vão sumindo e deixando a sua em primeiro plano.

- **A decisão deve parecer dele.** Nossos homens têm seu orgulhinho. Você já sabe. O que lhe custa que a proposta original e a decisão sejam dele? Entregue-os de bandeja para que pareça que ele pensou e preparou tudo. No fim das contas, o que você quer é evitar ficar em casa a 45ºC sem ar-condicionado ou passar mais uma vez o Natal na casa de sua sogra.

- **Ameaças legítimas.** Não chegue a esse ponto, mas se você vir que pode perder, não pense duas vezes em utilizá-las. Você saberá onde dói mais nele. Faça-o sem raiva e como se lhe parecessem as opções mais razoáveis. Não ameace com nada que você não esteja disposta a cumprir. Por exemplo, ameace-o de que se ele decide no inverno, você decidirá no Natal e vocês irão à casa de suas tias-avós surdas onde nem sequer há cobertura de celular. Ou diga que aceita a troco de que todos os finais de semana vocês passem com sua irmã e sua família numerosa de sete filhos endiabrados no camping. Se for necessário, proponha umas férias diferentes: ele vai com quem quiser e você viaja com todas as suas amigas solteiras em um passeio de *singles*. Ou, melhor ainda, já que vocês são tão modernos e liberais, fale para ele da opção de você ir cruzar o Saara com seu ex e seus amigos durante um mês.

- **Não lhe mostre todas as suas armas.** Faça com que tudo pareça casual: suas propostas, o momento escolhido ou os comentários de amigos e conhecidos que você coletou. Você e eu sabemos que existe um grande trabalho de campo por trás, mas não faz diferença que ele saiba, ou ele poderia perder a confiança em você.

- **Período de reflexão.** Não é preciso que ele tome a decisão nesse mesmo dia. Se para você custou semanas, conceda uns dias antes da decisão final para que ele também interiorize, veja os prós e contras. Se for necessário, durante esse tempo, vá deixando cair alguns dos apoios que você coletou – o número especial de uma revista ou o endereço de um restaurante com cozinha típica do país. Assim, você vai garantindo que ele tome a decisão adequada.

FÉRIAS, BENDITAS FÉRIAS

E você está aqui: desfrutando do sol nas melhores praias da costa, andando muito pelas capitais da América Latina ou descansando na sombra de uma palmeira. Tal qual você queria e havia maquinado. Tudo saiu como desejado. Mas não vacile, porque, ainda que o destino seja o que você queria, existem muitas coisas que podem dar errado e colocar seus dias de descanso de pernas para o ar.

Esteja atenta ou você voltará para casa com uma maleta carregada de discussões e ponto delicados, com um montão de recordações chatas e sem fotos para mostrar e fazer salivar de inveja suas colegas. Você imagina a típica reunião de amigas na qual cada uma contará histórias apaixonantes, romances e paisagens que tiram a respiração? É preciso evitar a qualquer custo voltar sem tudo isso. Como em todos os outros anos, estas devem ser as férias de sua vida... ou, pelo menos, elas devem parecer ser.

Mesmo que você tenha conseguido o destino que desejava, a data que era conveniente e o meio de transporte de que mais gosta, a batalha não acaba por aí. Ah, não! Não vou lhe dizer que você tem a parte mais fácil já feita, mas quase. Não baixe a guarda e assegure-se de alguns aspectos fundamentais para que tudo ocorra da melhor maneira possível.

Durante...

- **Tudo bem planejado.** Se seu companheiro é desses que tem tendência a ficar fechado durante horas e horas, grudado a uma cerveja, e você não, leve tudo bem planejado. Tenha informações sobre todas as possibilidades que o paraíso ao qual você chegou lhe oferece e a cada noite deixe organizado o plano para o dia seguinte. Parece um pouco cansativo, mas, se, pelo contrário, você é a que quer calma, lide com a situação para que assim seja. Assegure-se de que não haja internet nem telefone a menos de alguns quilômetros da cabana que vocês alugaram. Com relação a vizinhos... mostre-se antipática desde o primeiro momento, e você economizará visitas incômodas!

- **Em boa companhia.** Viajar com os amigos de confiança talvez seja uma das melhores opções para garantir que as coisas saiam como você sonhou. Evidentemente, antes de embarcá-los em seu projeto, você tem de garantir que eles compartilham de sua maneira de entender a viagem. Por um lado, podem ajudar-lhe a fazer pressão nos momentos de fraqueza de seu amor e, no caso de não o conseguirem, você sempre pode dividir e desfrutar de cada uma das atividades que mais lhe apetecem. Se você morre de vontade de sair de caiaque e ele prefere ver a final das Olimpíadas, não há problema! Você vai com suas amigas e eles ficam presos nos quartos do hotel. Sem arrependimentos. Você tem as suas experiências, e ele, as dele.

- **Negociação.** Faça como se faltasse algo para que suas férias não se convertam em um fracasso. Se as coisas não estão saindo como você esperava, analise a situação e veja como redirecioná-la. Ofereça a ele algum incentivo interessante: anule alguma parte do planejamento que você saiba que o desagrada em especial, aceite realizar alguma atividade que o entusiasme ainda que para você seja bem chata... Quem sabe! Também se encontram diamantes onde se esperava encontrar apenas areia. Se for necessário, somente se necessário, deixe que as próximas férias sigam a vontade dele. Não se preocupe: você terá tempo de recuperá-las durante o ano seguinte.

- **Artifícios femininos.** Cada uma sabe com quem dorme, de tal forma que cada uma conhece quais armas femininas dão resultados. Se você compartilha a vida com um sentimental, faça-o sentir seu desconsolo pelo fracasso de alguma coisa que você havia preparado com tanto carinho para os dois. Se ele não suporta as ceninhas, chore pelas esquinas até que ele fique com vergonha ou que seus nervos estejam a ponto de romper. Se o que o faz perder a cabeça são suas pernas, não pense duas vezes em utilizá-las para conseguir o que você busca: uma boa porção de sensualidade e sexo pode fazê-lo retomar os sentidos sobre o que é importante. Acima de tudo, não se renda. Nada está perdido até que você tenha de novo na mão as chaves da entrada de sua casa.

- **Una-se ao clube.** Se ele está negativo sem nenhuma razão lógica desde que vocês chegaram, o melhor é que você se una ao clube para que ele veja o absurdo de suas ações. Comece a criticar tudo, desde as aeromoças do avião até a falta de rede de mosquitos no hotel ou a lentidão dos habitantes da cidade. Quando fizer calor, reclame porque faz calor, e se fizer frio, ainda pior. Dê razão para ele em todas as críticas que fizer. Você vai ver com que facilidade ele muda. Dependendo da espécie que você tem em casa, ele ficará positivo só por contrariá-la de novo ou por consolá-la colocando um ponto final no assunto. Missão cumprida.

- **Busque aliadas desconhecidas.** Nós, mulheres, temos um radar especial para encontrar aliados que nos ajudem em nossas batalhas. Talvez, no mesmo andar, você encontre esposas que têm afinidades com você ou, se vocês viajam em grupo pelo deserto, com certeza existe outra mulher na mesma situação que a sua. Se você se dá bem com elas – olhos sempre abertos para não tropeçar em uma cobra que aproveite de suas horas de guarda baixa –, comente em qual situação você se encontra. Recorra à solidariedade feminina para redirecionar a situação ou, no pior dos casos, para fazer novas amigas com as quais comentar a maravilha dessas paisagens ou a simpatia do guia. Se você não quer problemas, consiga aliados masculinos... a não ser que você já tenha claro que ninguém vai salvar essas férias nem este relacionamento.

- **Deixe falsas pistas.** Prepare a volta. Envie cartões postais com mensagens emocionadas e imagens incríveis. "Não poderia ter sonhado com férias melhores", "Todo mundo deveria passar pelo menos uma vez na vida dias como esses", "Não mudaria os momentos vividos nem por todo o ouro do mundo" ou "Se existe o paraíso, ele deve se parecer com o lugar que acabo de visitar". Exagere sem medo: no pior dos casos, pensarão que os efeitos do sol e do vinho a deixaram meio alegre.

As aparências que enganam

As coisas não foram mal, mas também não foram a ponto de soltar fogos. Você e eu sabemos que o que sobra no final são as lembranças que construímos. Dessa forma, mãos à obra, e vamos maquiar algumas rugas e manchinhas da cara dos dias de descanso. Pelo bem de nossa relação de casal, das histórias de viagens contadas aos futuros filhos ou pela sua sobrevivência com os chatos do escritório. As coisas são como nós as explicamos, não como são de verdade.

Depois de...

- **Se sim ou se não.** Fale bem de suas férias. Faça um esforço e esqueça os momentos ruins e enfatize os bons. A menos, como lhe disse, que o prejuízo seja tão grande que não valha a pena salvar nem um minuto. Então, pense no que fazer com suas malas: você as deixa ao relento ou as envia por correio para seu novo endereço?

- **Um álbum da morte.** Você se esforça sempre em fazer um álbum bonito e atraente, mas, neste ano, você deve se esforçar ainda mais. Lembre-se de que, com o tempo, essa é a imagem gráfica que ficará para vocês daqueles dias: selecione somente as fotos nas quais vocês estejam felizes, sorrindo. Procure as melhores paisagens. Se forem poucas as fotografias, complete com algum dos folhetos ou postais que você comprou e escreva generosas legendas de fotos. Se necessário, falsifique mensagens de falsos amigos novos ou do encantador diretor do hotel no qual vocês ficaram. O tonto de seu namorado ou marido arruinou suas férias, mas não fará o mesmo com a memória.

- **Recordações incríveis.** Neste ano, faça um mini-investimento econômico para salvar sua reputação. Você já deixará de fazer algum capricho durante o ano. Não compre o clássico postal pobrinho ou o chaveirinho de alicate suíço. Fuja da camiseta: "Alguém que gosta de mim foi para Salvador e trouxe este presente". Invista o tempo livre em buscar presentes originais, lembrancinhas pensadas e adequadas para cada amigo ou familiar. Se na volta você entregar algo realmente bonito, poderão pensar somente que suas férias foram bonitas da mesma forma.

- **Tome a iniciativa.** Não espere que sua cunhada ligue para propor-lhe de ver juntas as fotos das férias nem que outra amiga do grupo organize o jantar de intercâmbio de postais. Não mesmo: neste ano, você vai tomar a iniciativa. Dedique uma tarde toda chamando seus familiares e amigos, fazendo café, use o assunto das férias em qualquer ocasião até que você fique chata.... Todos vão acreditar que você aproveitou muito.

- **Deixe as coisas claras.** Fale com seu companheiro. Explique como você se sente. A ele sim. Não deixe passar os dias porque você vai se esquecer da metade dos detalhes ruins e tudo vai voltar a acontecer no ano seguinte. Comece a trabalhar agora pela perfeição das próximas férias.

Quem temos em casa?

Sem dúvida, 50% do sucesso da "operação férias" acontece por sua causa. Por mais que você prepare tudo milimetricamente, controle o que acontece em cada dia no destino escolhido e maquie o que for preciso. No fim das contas, se ele não ajudar, não há nada o que fazer.

E eu iria ainda mais longe. Talvez o erro esteja mesmo na origem da "operação férias": se ele não é o companheiro ideal para essa aventura, tudo está condenado ao fracasso. Você conhece a expressão "como um peixe fora d'água"? Pouco se pode fazer por eles para que se adaptem ao entorno ou ao plano que têm adiante.

Como é o seu parceiro? Ele se adapta ao seu ideal de férias? Quais destinos são adequados para ele? Cruze essas variáveis com seus desejos e você terá garantida uma porcentagem muito alta de vitória.

O tímido compulsivo. Seu rapaz sua frio só de imaginar que você o apresente a seus novos companheiros de trabalho, mesmo se forem só três, e tem pesadelos cada vez que vocês se juntam em um casamento de família com seus cinquenta primos. Fica vermelho de vergonha e é incapaz de articular três palavras seguidas diante de desconhecidos. Esqueça-se de sugerir um cruzeiro de quinze dias: você o imagina numa gincana em grupos? Em um coquetel de boas-vindas que tem como objetivo confraternizar com dez casais alemães? Ou no baile de gala ganhando um prêmio de casal em frente a 5 mil passageiros? Descarte também um *trekking* de grupo no meio do Deserto de Sal, onde, no meio do nada e no silêncio, ele se verá obrigado a estreitar laços com o restante dos companheiros de desventuras. As noites estreladas convidam a confidências, e não há nada que o faça sofrer mais do que ter de se abrir aos outros.

O *playboy* sem solução. Não se coloque em uma situação que a faça sofrer nem que o faça sofrer tentações. Não vá a uma viagem de *singles*, por mais barata que seja, nem a um destino "feminino" cheio de mulheres dispostas a tirá-lo de você para não continuarem sozinhas durante as férias. Evite o Caribe ou Ibiza, onde as provocações visuais para ele seriam constantes e objeto de discussão contínua do casal. O melhor? Uma semana romântica para os dois sozinhos, em uma cabana ao lado de um lago. Uns dias em um balneário. Uma viagem ao Polo Norte, onde o maior pedaço de carne que ele vai ver será o nariz vermelho de frio do guia de vocês.

O medroso. Para que negar? Em casa, se entrar um ladrão, você o enfrenta. E quando a vizinha grita do segundo andar feito uma energúmena, você a coloca no devido lugar em um passe de mágica, enquanto seu homem se esconde com qualquer desculpa atrás do aquário. Já que você já sabe, descarte qualquer destino perigoso, como países com movimentos terroristas ou revoluções pendentes. Leia a lista de lugares que a Embaixada não recomenda e descarte lá mesmo. Isso e qualquer atividade de risco: nada de descidas rápidas ou saltos de paraquedas. Reserve a experiência para vivê-la com amigos ou primos.

O apreensivo. Quando vai a um restaurante, ainda que seja um cinco estrelas, ele sempre limpa os talheres com os guardanapos antes de utilizá-los e olha para a louça contra a luz para ver se tem alguma manchinha. Se vocês vão passar o fim de semana na casa de campo de seus pais, ele se empenha em levar sua própria roupa de cama e não suporta comer em um restaurante exótico se não lhe explicam primeiro o que ele irá degustar. Simples: descarte países exóticos ou menos desenvolvidos. Você o imagina comendo com as mãos da mesma forma que os habitantes de uma aldeia no coração da África? O que ele pensará quando tiver de se sentar no chão de um ônibus que avança na metade dos Andes à noite, sem farol nem estradas asfaltadas? Os destinos de vocês devem ser cidades europeias ou aquelas que contem com um bom hotel que inclua todas as diversões necessárias para as férias.

O hiperativo. Seu homem não consegue parar quieto: um filme de três horas, ou assiste pela metade ou é impensável. Nos dias de chuva, sobe e desce no elevador porque não suporta ficar fechado entre as quatro paredes do apartamento de vocês. Somente os velhos ou os caracóis, segundo ele, podem gostar de uma aula de ioga, porque não podem se mover. Precisa estar ocupado e ter pouco descanso. Descarte já os balneários, a estadia em um apartamento na costa sem nada para fazer ou o intercâmbio de sua casa por uma no campo, ilhados. Programe umas férias cheias de atividades esportivas ou visitas culturais, que sugiram objetivos, como subir várias montanhas ou fazer uma caminhada que dure vários dias.

O intelectual. Você o conheceu em uma biblioteca, lendo um manuscrito do século XIII, e o primeiro encontro de vocês foi ir a uma conferência sobre os primeiros textos da Grécia clássica. Vocês são sócios do observatório astronômico da cidade e fazem parte da junta da Associação de Defesa do Esperanto. Você já gosta das atividades culturais, mas não se importaria em ter um descanso. Estariam bem com quinze dias de sanduíches, na sombra de uma palmeira, em um camping, falando sobre a chuva com os vizinhos e fazendo sopa de letrinhas. No entanto, você tem consciência de que no segundo dia seu homem estará desesperado? Evite que ele fique louco ou que assassine qualquer inocente. Pense em uma viagem a alguma capital que vocês ainda não conhecem, cheia de museus e monumentos históricos; escolham uma visita guiada a Ouro Preto, façam parte de uma expedição para conhecer os fundos marítimos em Fernando de Noronha ou de uma viagem cultural com guias arqueológicos no Egito.

O Indiana Jones 2. Sua sede de aventura é tanta que continua considerando Júlio Verne o grande mestre de todos os tempos. Ele comprou um cofrinho e está economizando para algum dia, se os preços permitirem, ser um turista espacial. Você, de verdade, o imagina em um ônibus, fazendo parte de uma viagem organizada, visitando vinícolas? Ou com toda a sua família em uma casa no campo cheia de outras famílias e a cinco quilômetros de uma cidade? Não. Procure destinos exóticos, atividades surpreendentes e iniciativas originais. Entusiasmá-lo é relativamente fácil, então... mãos à obra!

O clássico. Seu pescoço parece imantado à gravata e em seu armário todos seus trajes são azul-marinho, exceto um, que é cinza. Gosta muito de tomar chá das cinco e um café com leite e pãozinho no café da manhã. Sempre igual. A cozinha de fusão, a arte de vanguarda e a música *chill out* lhe dão dor de cabeça. Está claro: opte por algo comum, tranquilo, muito de vocês. Inclusive, estou segura de que ele não se importará em repetir o destino se teve uma boa viagem da primeira vez e viajar com as mães de vocês será uma opção estupenda. Isto é o que há: um apartamento na praia ou na montanha, perto da família de vocês; ou uma viagem curta a Buenos Aires ou a Santiago.

4 No trabalho

Gostemos ou não, temos de passar muitas horas no trabalho. Dessa forma, tentemos fazer com que a nossa estadia seja o mais agradável possível. Ter um bom ambiente de trabalho é básico e, para isso, o melhor é dar-se bem com os companheiros (masculinos e femininos, claro). Agora, podemos utilizar nossa astúcia e nossos encantos para que, além de conseguir um ambiente satisfatório, também melhoremos nosso status profissional, obtenhamos prestígio e atenção e, inclusive, ganhemos mais dinheiro. Além disso, o trabalho também é um lugar para conseguir relacionamentos pessoais, sejam eles simplesmente sexuais ou, por que não, um companheiro estável.

Porém, como sempre, para conseguir nosso objetivo, precisamos saber bem o que enfrentamos e quais armas devemos utilizar para levar nossa vontade ao sucesso.

Como eles são no trabalho

No trabalho, o homem é a prolongação da tribo do momento pré-histórico, da época das cavernas. O trabalho é a via para conseguir a subsistência e algo mais. É o lugar onde é necessário deixar claro quem se é para satisfação própria e para criar um espaço entre os demais. Sendo assim, a relação do homem com seu trabalho se define como:

1. **Competitivos por natureza.** O homem, como ser ancestral, tem a obrigação de lutar para ser o chefe da tribo. Por isso, no trabalho, seu objetivo sempre será conseguir mais (dinheiro, poder, hierarquia). O trabalho é como uma corrida de obstáculos da qual eles estão felizes em participar. Além disso, não os incomoda o ambiente competitivo porque sabem que esse é o campo no qual eles devem se mover.

2. **O trabalho é o fim e não o meio.** Para a maioria das mulheres, o trabalho é uma via para conseguir dinheiro e poder viver. É certo que esperamos que ele também nos traga satisfações, mas temos claro que o trabalho não está em primeiro lugar em nossa escala. Para eles, é tudo ao contrário: o trabalho é um elemento de satisfação, de reafirmação, de confirmação de seu poder. Por isso, é tão importante e eles quase nunca renunciarão a uma responsabilidade absorvente para se dedicarem a questões familiares.

3. **Acreditam ser sempre melhores que os demais.** A maioria dos homens não duvida nunca de suas capacidades. Acreditam ser bons e fazem todo o possível para demonstrá-lo. Não pensam em como são os que estão a seu redor; simplesmente confiam em suas possibilidades.

4. **Estão dispostos a fazer qualquer sacrifício.** Como o trabalho é tão importante para eles, sabem que têm a obrigação de ficar bem e, se necessário, farão sacrifícios para conseguir um bom cargo. Também são grandes atores dramáticos, e é possível que não façam sacrifícios, mas que tentem mostrar que o fazem. Um homem sempre dirá que trabalha muito e que seu trabalho é essencial para a empresa. Outra coisa é isso ser verdade.

5. **Eles gostam de alongar todas as jornadas de trabalho.** Estão bem entre os da tribo e, por isso, as longas jornadas não são chatas para eles. E mais, quando acabam de trabalhar,

estão dispostos a ir tomar cerveja com os companheiros ou jogar uma partida de tênis com eles. Na verdade, essas atividades não deixam de ser uma prolongação do trabalho e de seu jogo de relacionamentos com companheiros para conseguir lugar no clã.

6. **Sua principal vida social é o trabalho.** Como resumo de tudo falado anteriormente, para muitos homens o *sumum* das relações sociais é o trabalho.

Como os homens veem as companheiras femininas

Como quase sempre acontece quando um homem entra em contato com uma mulher, uma colega no trabalho é um objeto sexual. Antes de nos verem como uma companheira, eles nos verão como uma mulher. Assim, colocarão em marcha todos os seus mecanismos para atrair nossa atenção de qualquer funcionamento. Se acreditam que têm possibilidades de conseguir algo a mais, passarão à ação e atirarão para todos os lados.

Porque, a princípio, aos homens companheiros de trabalho pouco importa que tarefa vamos desempenhar. A eles interessa mais o que podem obter de nós no nível sexual (ainda que seja somente um jogo de olhares e brincadeiras que não passarão disso, mas que demonstram ao companheiro que são capazes de atrair a atenção). Essa visão tão animal pode resultar em um incômodo para nossos propósitos de mulher trabalhadora, mas também pode servir para trazer o ser masculino a nosso campo e obter algum benefício. Assim, você terá de ser fria e calculista e aplicar seu encanto sedutor ou marcar o território como pessoa e não como objeto feminino, de acordo com o caso.

É preciso levar em conta que a forma com a qual um homem age com a mulher no trabalho pode mudar quando ele se dá conta de que ela é um elemento a mais no campo competitivo do trabalho. Como custa a eles nos entender, passamos a ser objetos perigosos ou inconvenientes em seu caminho para conseguir o poder. Essa visão do homem sobre as companheiras de trabalho pode ser muito prejudicial para nossos objetivos, e um dos nossos propósitos será acabar com ela sem ferir suscetibilidades, ao mesmo tempo em que tentamos controlar a situação e deixar de ser "as subordinadas".

Já em outros capítulos, insistimos que o homem não pode atacar com segundas intenções porque geralmente não as entende. Devemos dizer bem alto quem somos e o que queremos, assumir as rédeas e mostrar nossas cartas no jogo para mudar, ou não, a imagem que eles criaram de nós.

Deve-se deixar claro que...

1. **Somos boas no trabalho,** mas que isso não significa que somos escravas do trabalho como eles.

2. **Não somos um perigo,** mas, simplesmente, uma pessoa a quem tratar de igual para igual. Podemos competir com eles se quisermos, mas, ao contrário deles, esse não é nosso principal objetivo.

3. **As mulheres trabalham de outro modo:** nós gostamos dos relacionamentos sociais e somos apaixonadas por falar, mas isso não é ruim, afinal, somos capazes de fazer mais de uma coisa ao mesmo tempo (os homens costumam queixar-se das mulheres porque falam demais e porque, dizem, são dispersas no trabalho).

4. **Se somos sedutoras** é porque nós gostamos assim, que nós controlemos a situação e que não nos deixemos intimidar por olharezinhos ou atitudes provocativas masculinas. Se quisermos jogar o jogo da sedução, seremos nós as que marcaremos terreno e, se não, deixaremos claro que não queremos entrar nessa competição porque somos muito mais que um objeto sexual.

5. **O trabalho é um meio.** Gostamos de sentir-nos realizadas no mundo prossifional, mas em nossa vida existem muitas outras coisas que nos importam mais que um relacionamento competitivo no trabalho.

Em luta contra o incômodo

Por tudo o que foi explicado até agora, não é raro que os homens desenvolvam uma atitude incômoda no trabalho. Podem ser superiores hierarquicamente ou não, mas sempre se sentirão assim e pensarão que a melhor forma que têm de mostrar suas possibilidades é por meio do sexo (lembre-se de que, antes de tudo, somos um objeto sexual). Assim, pensarão que incomodar uma mulher é a coisa mais normal do mundo. Podem fazê-lo simplesmente porque lhes atraímos e querem sexo a todo custo, ou porque pensam que é um pedágio que as mulheres devem pagar: se querem conseguir algo no trabalho (seja um aumento ou que não sejam despedidas) têm de passar pela argola.

Felizmente, esses são casos mais excepcionais. Nós nos encontraremos com estorvos sexuais, mas a maioria é de pouca relevância e somente teremos de deixar claro quem somos e que a lei nos ampara para que nos deixem em paz. Nesses casos, deve-se atuar como eles: marcando território, mostrando as unhas e explicando em alto e bom som quem manda.

Como conseguir nosso objetivo

Com o chefe. A maioria dos chefes é masculina. A sociedade continua dando prioridade aos homens para que consigam cargos de responsabilidade e maiores salários. Isso não significa que sejam melhores, simplesmente possuem menos condicionantes e são mais considerados.

Ter uma boa relação com seu chefe é básico para suas aspirações profissionais. No fim das contas, é ele quem decidirá sobre uma série de questões muito importantes:

- Aumento de salário.
- Diminuição.
- Ele a ajudará a conseguir um lugar no trabalho de acordo com suas características e seu valor (porque, muitas vezes, somos desvalorizadas).
- Você pode obter também pequenas coisas não menos importantes, como uma poltrona melhor, um computador mais

rápido e potente, um lugar de trabalho mais confortável, uma máquina de café grátis...

- Também pode conseguir um horário melhor, as férias quando for melhor para você, dias de folga...

Mas, atenção, isso não significa se vender a qualquer preço. Lembre-se de que este livro quer incidir em como tirar o máximo de proveito de nossa relação com o sexo masculino. Partimos da ideia de que nós somos muito valiosas como profissionais e que a única coisa que devemos fazer é conseguir que nosso chefe se dê conta disso.

Existem diferentes táticas para que o chefe se foque em você, valorize-a e proponha melhorias:

1. **O método clássico: puxar saco.** Os homens adoram ser bajulados e que você lhes diga quão fantásticos eles são. E, se são chefes, gostam ainda mais. Sabem que estão no topo e acreditam ser o Todo-Poderoso. Não têm nenhum arrependimento por estar nesse nível, porque pensam que, se chegaram onde estão, é porque são bons e todos devem reconhecer seu valor. Diante desse tipo de pessoa, a técnica de puxar saco é totalmente válida e conveniente. Temos uma grande capacidade para dizer uma coisa e, na realidade, estar pensando em outra muito diferente. Não é que somos mentirosas, mas utilizamos muito a metáfora. Dessa forma, para ganhar um chefe desse estilo, somente teremos de observar como nossos companheiros de trabalho masculinos puxam saco e, então, emulá-los. Como eu já disse, não faz diferença se tivermos de inventar. Inclusive, pode ser um jogo muito divertido. Além disso, pode-se puxar saco de formas muito elegantes. As mulheres têm capacidade para isso. Você pode convidá-lo para um café, elogiar sua gravata ou camisa (ou qualquer outra peça, porque também existem chefes que não se vestem com roupa social) ou dizer quão certeiro foi tomar aquela medida de gestão que ele decidiu na semana passada (ainda que você acredite que tenha sido um grande equívoco, porque não se deve contrariar os chefes). Com certeza, você encontrará argumentos para fazer crescer o ego dele.

2. **Quando o chefe não se deixa adular...** Você se surpreende? Não são a maioria, mas existem... chefes que não gostam nada que lhes puxem o saco. Deve-se reconhecer que seguramente são profissionais mais valiosos que os do tipo anterior, mas também é mais difícil alcançar nossos objetivos com eles. Para obter benefícios desse tipo de chefe, deve-se ir além.

- Devemos demonstrar que somos muito trabalhadoras e valiosas. Precisamos trabalhar tanto quanto dizemos. Deve-se agir como fariam os homens: enganando o chefe, mostrando-nos imprescindíveis e sempre muito atarefadas, ainda que isso não seja totalmente verdade.
- Devemos colocar-nos no mesmo nível do chefe. Esse tipo de pessoa admira os que são como eles, não os seus inferiores "puxa-saco" e admiradores. Dessa forma, podemos ficar com ele para tomar cerveja, falar de economia, jogar golfe ou conversar sobre carros. Surpreenderemos nosso chefe de forma muito positiva, e ele se renderá a nossos pedidos.

3. **Quando o chefe é muito inseguro.** Muitos chefes são pessoas inseguras que se tornam déspotas para esconder sua insegurança. E, ao mesmo tempo, são muito orgulhosos e nunca reconhecerão diante de seus subordinados que têm dúvidas e que às vezes não sabem o que fazer para lidar com seus problemas. Se você lhe der segurança, ele a agradecerá. Na verdade, valorizam muito a infância, então, adote uma atitude maternal.

- Ofereça ajuda, mas sem que ele perceba que você se deu conta de que ele tem um problema. Você pode falar em terceira pessoa: "Tenho uma amiga que trabalha em um empresa similar à nossa, e eles conseguiram superar a oposição dos supervisores de tal maneira".
- Vá direito ao ponto. Você pode dizer que ele está com uma expressão estranha, que, nos últimos dias, ele tem tido olheiras, que você o vê apreensivo... Faça com que pareça que você está preocupada de uma forma maternal. Certamente, ele vai agradecê-la e tornar-se seu confidente.

4. **Quando o chefe a tira do sério.** Esse é o pior caso possível para encontrar: o do chefe prepotente que acredita ser Deus

e que pensa que todos os seus empregados são súditos; que, além disso, pensa que as mulheres são somente objetos sexuais e que ele as quer como secretárias ou para enfeite, ou para ambas as coisas ao mesmo tempo. Esse tipo de chefe lhe fará comentários provocativos e ainda vai querer que você ria dessas "graças"; ele a olhará com olhos ardentes e esperará que você lhe devolva os olhares; e, em alguns casos, passará para a ação roçando-a ou tocando-a e esperará que você goste. Como já disse antes, no caso de um grande incômodo, somente nos resta dar as caras e denunciá-lo. Se ele não tenta algo e somente a tira do sério de uma forma entre infantil e velho tarado, que sigamos o jogo, sempre controlando a situação até conseguir nossos objetivos e, depois, ameaçando-o, dizendo que irá falar com sua mulher ou contar tudo para todos.

- Pense que, no fim, o que você deve tentar com esse tipo de chefe é desbancar sua posição. Aprender suas táticas, seus contatos, suas estratégias... para, em seguida, usurpar seu posto. É o mínimo que se merece com esse comportamento!

Com seus companheiros. Os companheiros de trabalho podem ser classificados nas mesmas tipologias que os chefes, mas com a diferença de que não têm poder direto. No entanto, têm poder indireto: o de influenciar o chefe ou os outros companheiros. Lembre-se de que os homens são muito gregários e, dessa forma, os colegas de trabalho são melhores como amigos do que como inimigos. É necessário que reconheçam seu trabalho e sua valiosa importância para a empresa, mas isso não é fácil, porque esperarão que você atue como eles ou melhor do que eles. Vão colocá-la à prova constantemente, porque as mulheres sempre estão sob suspeita. Como conseguir, então, que a respeitem e que, além disso, fiquem a seus pés?

1. **Nunca se mostre como uma rival.** Lembre-se de que são competitivos por natureza. Faça como se você passasse a vez em guerras internas e mostre pouco interesse numa promoção, que isso você deixa para eles. Não tem por que ser verdade, mas demonstre desinteresse pela competitividade.

2. **Deixe-os ver que você sempre tem muito trabalho e que está superpreocupada.** É o que eles mesmos costumam dizer, incapazes de fazer duas coisas ao mesmo tempo e de ter uma visão global. Dessa forma, sempre afirmarão que têm muito trabalho e, quando realmente tiverem, não estarão para nada nem para ninguém. Nunca lhes ofereça sua ajuda, ou estará perdida. Pelo contrário: diga que você tem tanto trabalho que não sabe como vai conseguir.

3. **Mostre que você é diferente dos homens,** mas que, se for necessário, você pode se comportar como eles. Certamente você os deixará deslocados e ganhará muitos pontos.

4. **E com aqueles companheiros mais complicados** que você não consegue convencer de que é capaz, inclusive de sua superioridade, você sempre pode optar por mostrar-se desvalida. Com esses, você tem de mostrar que pede ajuda. Então, o ego deles subirá ao mesmo tempo em que você conseguirá que não a carreguem com um trabalho que você não gosta de fazer, o que também costuma acontecer frequentemente na relação com os companheiros masculinos.

5. **Assim como acontece com alguns chefes,** a melhor tática é puxar saco, de uma forma sutil, claro.

Se você conseguir o respeito e a admiração de seus colegas de trabalho diretos, então já poderá começar a trabalhar para conseguir um valor agregado a eles.

O que você pode conseguir?

- Que tirem de você o trabalho de que menos gosta.
- Que a convidem para tomar café da manhã ou para uma bebidinha depois do trabalho.
- Que a cubram quando você necessitar de um momentinho para suas coisas.

Com seus subordinados. São esses, talvez, os mais difíceis de convencer. Simplesmente porque os homens aceitam muito mal o fato de terem uma superior feminina. Em seu ego de machinho, por mais que o neguem, sempre se sentem superiores. Dessa forma, você terá de ganhar a confiança deles se você não quiser ter um problema atrás do outro.

Há duas estratégias a seguir, dependendo dos colegas:

- **Mostre-se como mais uma companheira.** Não mostre sua superioridade. Assim, você ganhará a confiança deles e conseguirá tudo que quiser.

- **Mas se você se encontra com homens** com um nível de machismo acentuado, adote uma posição de poder. Com esse tipo de pessoa, a única coisa que funciona é marcar a superioridade hierárquica. Você é a chefe deles e ponto. Não tem por que dar explicações de suas ações nem mostrar-se insegura.

Uma relação de casal no trabalho

Existem diversas opiniões sobre se é conveniente ou não manter uma relação com um colega de trabalho. Acredito que os rolos no trabalho podem ser positivos ou negativos dependendo da pessoa e de suas projeções para o futuro.

- **Um rolo com o chefe.** Costumam ser os mais perigosos. Se ficam sabendo, você desatará suspeitas de seus colegas masculinos e femininos. Deixam de ver em você uma pessoa com valor no trabalho para passar a vê-la como o rolo do chefe que consegue todos os favores graças ao relacionamento de vocês. Além disso, se o rolo acabar, pode acontecer que o chefe faça represálias contra você e que torne sua vida impossível. Além disso, é possível que você nunca consiga o respeito de seus companheiros.

- **Um rolo com um colega de trabalho casado.** Costumam ser os casos mais comuns. Quando você passa muitas horas no trabalho, confunde a proximidade com o companheiro com certa atração sexual. Se a sensação é mútua, a coisa acaba em confusão. Importa pouco a vida privada dos dois. É uma história às margens da família de cada um. Geralmente, não tem possibilidade de continuidade, mas muitas vezes rompem relacionamentos de casais estáveis. Ou seja, cuidado.

- **Um rolo com um colega de trabalho solteiro.** Pode ser divertido e, inclusive, pode ajudar a fazê-la ir ao trabalho com mais vontade e motivação.

- **O amor da sua vida.** Sem dúvidas, o trabalho é outro lugar onde buscar e encontrar um companheiro. A parte positiva é que você conhece a pessoa com profundidade porque passa muito tempo com ela e porque vê como ela atua em situações de responsabilidade. É muito mais profundo do que conhecer alguém em uma noite na balada. Existe uma multidão de casais que surgiram entre os parceiros de trabalho. Um conselho: uma vez que você tenha o companheiro no bote, mude de trabalho ou proponha a ele que mude, porque não costuma ser muito recomendável trabalhar em casal.

POR QUE NOS ATRAI TANTO UM ROLO NO TRABALHO?

Aquele que diz que nunca pensou em envolver-se com alguém do trabalho está mentindo. Por que nos atrai tanto manter uma relação com um colega? Um *affair* no trabalho tem seu grande atrativo por ser proibido. Prove-o! Seduza o companheiro que mais a atrai. Pense que não é difícil, porque sempre estão receptivos e porque, para eles, o trabalho é como a tribo e, na tribo, a luta para conseguir uma "fêmea" é uma prioridade.

A maioria dos amantes sai do escritório e, realmente, é muito mais produtivo, na hora de buscar sexo, o local de trabalho do que uma balada.

Provoque-o a buscar cantinhos onde vocês possam tocar-se sem que ninguém saiba, coloque-o em compromissos.... Eles adoram esses joguinhos. O que dá mais atrativo é o fato de esconder a relação, de levar uma vida paralela. Mas escolha corretamente o objeto de seu *affair*; que ele não seja alguém que dependa de seu cargo. Vale a pena que seja uma pessoa de outro departamento, alguém com quem você não esteja vinculada diretamente. Pense que os rolinhos no trabalho também são uma forma de colocar um pouco de cor em sua vida.

Algumas estratégias para seduzir no trabalho

1. **Deixe muito claro** que você quer algo com ele. Com olhares, sorrisos e frases frívolas que podem parecer brincadeira, mas que são reais.

2. **Flerte com um** quando na verdade você quer conseguir algo com outro. Lembre-se de que são competitivos e, se você se converter em um prêmio a ser conquistado, será ainda mais atraente.

3. **Mande *e-mails* pedindo um contrato** e, em seguida, passe perto do seu posto de trabalho e olhe para ele com desejo. Depois disso, ele não ficará indiferente.

4. **Se você gosta dos casados,** ofereça-lhes amizade e, quando você souber quais são seus pontos fracos e necessidades, ataque por aí. Não seja nunca muito direta com eles, porque você pode encontrar-se com um fiel e levar um fora.

5. **Não é necessário que você se vista** de forma provocativa. Atrair olhares demais também não é bom. Você deve ser normal, como qualquer outro trabalhador; nossa atitude já se encarregará de conseguir que quem nos interessa nos olhe.

5 Em festa

Quando você sai para festas, a finalidade principal é se divertir o máximo possível, esquecer-se do cotidiano, relaxar, despentear-se e deixar-se levar pelos sentimentos mais positivos. Às vezes, no entanto, esquecemo-nos desses objetivos e nossa saída transforma-se na busca por um ser masculino com o qual se relacionar. Há momentos em que essa expectativa se cumpre, mas quantas vezes voltamos para casa com um sabor ruim na boca depois de uma noite nebulosa e nos frustramos com uma relação ou pensamos que essa que tivemos é melhor ser esquecida para sempre?

Acabou! Os tempos mudaram! É claro que nossas mães ou avós dependiam de um homem para poder sair de casa. A festa só era possível se estivessem de braços dados com o noivo oficial. Mas, felizmente, ganhamos independência e agora saímos quando e como queremos. E sair nem sempre significa ficar com alguém, mas fazer algo diferente para divertir-se: dançar, rir, falar sobre o que quiser (se der vontade, porque não sobre Filosofia?), sair para jantar, para ir ao cinema ou ao teatro, passear, contemplar as estrelas ou escutar as ondas do mar.

Isso não quer dizer que em nossos planos de festejo não deva aparecer a figura masculina. Antes de tudo, deve-se esclarecer: um homem, quando sai para festas, serve para algo mais do que somente ficar. Deve-se saber buscar benefícios além da pura utilidade sexual (que, de todas as formas, sempre está ali caso nos interessemos) ou sentimental. Não é um fato que os homens sempre utilizaram as mulheres como "enfeites" ou, o que dá no mesmo, como um mero acompanhamento que fica bem a seu lado?

Dessa forma, mude o chip. Pense em sair para se divertir e, ainda que também seja certo que é possível sair sem homens e se distrair, é possível também aproveitar suas potencialidades e, depois, verá o que acontece!

As saídas com homens podem ser classificadas em quatro grandes grupos, dependendo da relação que nos vincule ao personagem masculino em questão. Em cada caso, o proveito que tiraremos deles será diferente.

- O homem como amigo.
- O homem como casal.
- O homem como personagem do qual tirar o máximo de proveito.
- O homem como rolo por um tempo limitado (costuma coincidir com o tempo que dura a saída).

Também há diversas formas de adquirir o acompanhante festivo:

- Podemos levá-lo de casa (no caso de ser nosso companheiro ou amigo).
- Podemos sair à caça, e ele será parte do divertimento noturno.
- Podemos levar um conhecido e voltar com um conseguido.

Para todos os casos, você deve levar em conta uma série de recomendações:

1. **Você dita as normas da noite.** Que fique claro que seu companheiro de festa está ali para servi-la e não o contrário. Dessa forma, você marca as normas: onde ir, o que fazer, quando voltar etc.

2. **Nunca deixe as coisas totalmente claras.** Ainda que você tenha claro que esse homem a interessa por suas potencialidades, com certeza ele vê no encontro um meio para conseguir uma relação sexual ou sentimental. Eles são assim! Para

conseguir seus propósitos, você terá de convencê-lo do quão fantástico é sair com você. É preciso parecer que você busca algo e que, ao mesmo tempo, não se compromete com nada. Eles gostam de pensar em você como um desafio.

3. **A eleição é fundamental.** É muito importante a eleição do personagem masculino em questão. Mais vale o mau conhecido do que o bom para conhecer, ou seja, para garantir uma boa noite de festa, é melhor investir no que é seguro e escolher entre seus amigos e conhecidos masculinos. E, entre eles, eleja um de confiança. As estratégias também podem ser aplicadas em homens recém-conhecidos, mas você se expõe à possibilidade de um sapo. No entanto, também é mais fácil utilizá-lo sem escrúpulos.

4. **A sedução é sempre de grande ajuda.** Para manejar o negócio, devemos utilizar todas as armas que temos a nosso alcance. Se vamos sair para uma festa, a aparência, a imagem ou os movimentos vão ter um papel fundamental nos momentos de transmitir nossos desejos e fazer pedidos que queremos que se transformem em ações. Em resumo: não hesite em mostrar-se sedutora em todos os momentos. Eles se encantam, e você enriquece seu ego.

5. **Fuja dos ciumentos.** São os piores acompanhantes para sair às festas, porque suspeitam de tudo, cortando sua liberdade e impedindo que você se divirta. O homem ciumento deseja possuí-la com exclusividade. Além de querer que você seja uma companheira de bons momentos ou um par com quem estabelecer vínculos sentimentais, o homem ciumento quer controlá-la como um triunfo, como uma de suas possessões, para ele e somente para ele.

6. **Deixe-o convidar.** Muitos homens, para surpreendê-la, irão se mostrar muito cavalheiros e pretenderão pagar tudo. Não se oponha. É fantástico que financiem a noite para você. Simplesmente diga que você lhe deve uma. Dessa forma, você deixa aberta a porta para um próximo encontro, ou não. E já veremos, então, a que você o convidaria ou se ele o faria novamente.

7. **Os dois sozinhos enquanto isso lhe interessa.** É possível que lhe interesse sair a sós com um homem. Mas também é possível que, dependendo do personagem em questão, seja tedioso estar sozinha com ele. Lembre-se de que você conduz a noite, sendo assim, não hesite em ficar com uma amiga ou amigos em algum momento da saída. Você não tem por que dizê-lo; ele faria o mesmo. E mais, quantas vezes um homem deixa sua companheira para falar de temas puramente masculinos com seus amigos?

8. **Não se arrependa.** A esta altura dos conselhos, é possível que você tenha renunciado a seguir esse plano porque o considera frívolo e porque lhe dá uma certa pena agir assim com uma pessoa que você considera seu amigo. Não tenha remorsos! Não se trata de aproveitar-se dele, mas de saber tirar proveito de suas qualidades. Afinal, o objetivo é que vocês se divirtam, tanto você quanto ele.

9. **Deixe-se levar por instinto.** Ainda que seja bom ter o que se espera de um homem, o que se pode conseguir dele e como fazer isso, lembre-se de que as mulheres têm um sexto sentido e que os homens são muito mais planos e fáceis de interpretar. Assim, com seu instinto, você conseguirá alcançar muitas coisas. Observe, sente-se e deixe-se levar. Você já verá como conseguir grandes vitórias.

10. **A aparência não é tudo.** Lembre-se de que, na hora de escolher um companheiro de festa, nem sempre você deve considerar aqueles que agradam facilmente a seus olhos. Geralmente os que têm muitos músculos têm pouco cérebro, ainda que possa parecer estereótipo. Melhor escolher entre aqueles homens que sabem que sua aparência não é determinante e que tentarão estar bem vestidos, simpáticos e engraçados. Esse tipo é mais enriquecedor na hora de passar um momento divertido do que aqueles que gostam de se mostrar e que somente buscam os olhares femininos.

Se é seu companheiro. Para que a saída com seu companheiro seja também uma experiência divertida e enriquecedora, proponho-lhe alguns conselhos que evitarão que o passeio não seja simplesmente uma continuação do cotidiano do casal.

1. **Deixe claro que você está saindo para divertir-se.** Você não quer sair para discutir, nem para falar de contas, nem para manter uma conversa sobre como estão as coisas no trabalho. Sair é sinônimo de festa. E, se ele não compartilha dessa postura, que fique em casa.

2. **Não deixe que ele use o ciúme para coagi-la.** Ele ser seu companheiro não significa que seja seu proprietário.

3. **Fuja da rotina.** Oponha-se se ele quer ir sempre aos mesmos lugares e com as mesmas pessoas. A rotina, ainda que seja para ir à festa, torna o relacionamento chato.

4. **Motive-o para que lhe proponha coisas novas.** Mostre-se sensual e carinhosa para que ele se anime e fique criativo. Que seja um desafio para ele. Que ele pense que tem a cereja da festa, ainda que, na realidade, você controle a situação.

5. **Não deixe que beba muito.** O álcool os deixa muito chatos e acaba fazendo com que eles se tornem um incômodo. Um pouco alegrinhos são divertidos, bêbados são insuportáveis.

6. **Proponha saídas românticas.** Sair nem sempre tem de significar uma noite louca. Uma saída romântica é maravilhosa. Peça para ele exatamente o que você quer. Lembre-se de que não pode esperar que ele aja como você agiria. Ele não tem as mesmas necessidades nem a sensualidade.

7. **E também, de vez em quando, desenfreie.** Mas não deixe que as saídas sejam sempre românticas ou simplesmente sem sabor. Proponha passar uma noite louca de diversão de vez em quando. Surpreenda-o.

Para fins diversos

Como já comentei anteriormente, na hora de sair às festas, um homem pode ter múltiplas utilidades. Estas são algumas delas. Certamente, em sua cabeça virá muitas outras...

Que a leve em um carro de marca. O transporte, quando você sai para passear, é um sério problema. Ainda que sejam muitas as mulheres que não dirigem, porque elas não gostam, têm medo ou preferem ser levadas, a maioria certamente manifesta sua independência no volante e gosta de sair com o próprio carro para não depender de ninguém.

Mas sair para as festas com seu próprio carro também apresenta suas desvantagens, dependendo de onde você vai: não encontrar vaga para estacionar e ter de pagar estacionamento; não poder beber; chegar esgotada e ainda ter de entrar no carro e dirigir até sua casa... Sempre sobra o táxi como meio de transporte, mas às vezes são difíceis de encontrar, são caros e a expõem a algum motorista chato que faz doer seus ouvidos com um programa noturno de rádio insuportável.

E quantas vezes você esperou um ônibus noturno que demorou quase uma hora para chegar e que logo se encheu de bêbados insuportáveis querendo ser os engraçadinhos enquanto a rodeiam com seu hálito de vômito? Pelo contrário, um bom amigo, envolvido e para o qual você faria qualquer favor (ele acredita) pode servir de chofer e todos esses profundos problemas estão solucionados.

Tenha em conta que deve ser um chofer de confiança. Que fique claro que isso não significa depender dele, mas que ele sinta que depende de você. Você comanda a noite, e ele está a seu serviço. Além disso, como ele não poderá beber (assegure-se de que seu amigo chofer seja um motorista responsável), você evita ter de aguentar um amigo bêbado.

Conseguir um amigo-chofer é bastante fácil. Eles se encantam em vangloriar-se do carro, que é uma representação da virilidade masculina: adoram falar de cavalos de potência, da sensibilidade do volante, da delicadeza com que faz as curvas, da aceleração de zero a cem... O carro é uma prolongação de suas qualidades masculinas. Falar de pneus é como falar de seus músculos. E o que dizer do aparelho de música, dos *watts* de potência e de suas qualidades físicas e mentais? Você já pode ir dizendo: "Sim? Sério? Você comprou uma máquina! Que bom gosto você teve ao eleger esse modelo! Adoro a tapeçaria de pele! O teto solar é uma grande ideia! O som do motor é superempolgante! E quanto você disse que consome?"... Com certeza ele estará mais satisfeito com sua companhia.

É certo que você também terá de pagar o preço de ser mulher-enfeite, o que é o mesmo que a decoração do assento do copiloto. É outro dos motivos pelo qual seres masculinos se animam em levar acompanhante: têm uma gostosa ao lado. E, se além disso, você mostrar um pouco das pernas, muito melhor. Não! Agora não se sinta ofendida. As coisas são claras. Quem quer algo tem de pagar por algo. Pense que ficar atraente vai fazer você economizar muito dinheiro em táxis. Além disso, quem disse que provocar seja ruim, indecente ou pouco feminino? Certamente algum/a reprimido/a.

Afugentar mosquitões. Um dos elementos mais desagradáveis da noite é o mosquito: "Diz-se assim desse ser masculino que se aproxima de você, fica rodeando-a, tenta chamar a atenção e engancha-se em você, diga o que disser, e, na medida em que passam os minutos, vai ficando mais pesado e pesado, e por mais que você tente afugentá-lo, volta e volta a insistir em ser seu acompanhante noturno".

Como bem diz sua definição, um mosquitão é pegajoso e difícil de eliminar. Diante desse tipo de figura pode-se optar pela prevenção (o repelente de insetos) ou pelo ataque para a erradicação (o inseticida). Em ambos os casos, outro homem pode servir como repelente de insetos ou inseticida. Aí entra nosso homem: o "espanta-mosquitões".

- **Eles gostam de competir por uma mulher.** Já ficou claro para você, em capítulos anteriores, que o homem é competitivo por natureza e que gosta de lutar para, então, levantar os troféus de sua vitória. Dessa forma, a única coisa que temos de fazer para evitar possíveis mosquitões é buscar um homem de confiança que deixe claro que está com você e que espante os demais. Para ele, não vai ser nenhum esforço. Ele vai adorar olhar com desprezo para outro ser masculino e demonstrar que, nesta noite, você é dele (ainda que, na verdade, seja o contrário: ele vem com você). Não é necessário que briguem (não queremos broncas em nossas saídas noturnas), simplesmente que botem banca e se estranhem um pouco por você.

- **Explique sinceramente** para qual finalidade você precisa dele e elogie suas virtudes. Convencê-lo a sair com você não é difícil. Você tem de ser sincera. Confesse que você necessita sair para se divertir, já que está muito estressada, e que pensou nele por causa da confiança, além de precisar de um amigo com o qual compartilhar segredos. Diga que você gosta muito de seu senso de humor. Lembre-se de que eles adoram os elogios. Não se importarão se o que você diz é verdade ou mentira e a acompanharão complacentes por toda a noite para seguir escutando quão fantásticos são.

- **Mostre-se um pouco sedutora.** Eles devem ficar com a dúvida de se o que você está pedindo é realmente o que diz ou se talvez exista algo mais. Você está pedindo para ele ir com você porque não tem vontade de que a incomodem e de que a cantem. Que o que você busca é passar um bom momento e que ele é o candidato perfeito. Mas, ao mesmo tempo, você tem de se mostrar estupenda porque, para eles, o que veem é processado primeiro do que o que escutam. Ainda que você saiba que o que você quer é aproveitar bem, o simples fato de ele contemplá-la e imaginar algo além do que realmente está se passando o atrai muitíssimo.

- **E, se ele se tornar um mosquitão,** mostre-se muito ofendida. Se é seu acompanhante que se converte em um mosquitão, você só tem de se mostrar séria e severa e dizer que você se decepcionou porque havia deixado claro que necessitava de um amigo, de uma pessoa em quem confiar e não de um rolo.

- **Que não a abandone.** É importante eleger bem o inseticida em questão. Deve ser uma pessoa de confiança que esteja disposta a passar a noite com você e não ir embora com a primeira que lhe dê uma chance. Para isso, você deve mantê-lo ocupado, seja conversando, dançando, fazendo com que participe de seus comentários sobre o que acontece ao redor de vocês... Além disso, não apresente a ele nenhuma de suas amigas, porque você corre o risco de que ele prefira espantar os mosquitões dela.

- **Que a acompanhe, mas não a controle.** Ao mesmo tempo, ele tem de ser suficientemente flexível e bom amigo para não se cansar se no final você encontrar alguém que a interesse. Porque, ainda que seu objetivo não seja ficar com alguém e que você traga um amigo para não levar cantadas indesejáveis, se você tiver a chance de conhecer alguém interessante, não deixe passar a oportunidade. Ou você acredita que seu espantador o faria?

Para conhecer novos lugares e divertir-se. A essa altura, já é claro para você que homens e mulheres têm interesses muito diferentes. Esse fato, totalmente demonstrado, não é ruim, simplesmente é assim. O que se deve tentar sempre é que uns e outros tenhamos a opção de desfrutar daquilo que gostamos e não nos deixemos levar pelo gosto dos outros (sejam homens ou mulheres). No entanto, em algumas ocasiões, limitamo-nos a desfrutar daquilo que conhecemos e não nos damos a oportunidade de conhecer coisas novas que talvez nos sejam interessantes também.

Na hora de sair, nem sempre os gostos masculinos e femininos são os mesmos. Um homem pode nos apresentar sua forma pessoal de entender a festa. Pode nos levar a seus restaurantes favoritos, a seus bares, ao futebol... Encaremos isso como uma experiência. Uma noite de aventura: deixemo-nos levar por eles para conhecer aqueles lugares aos quais não iríamos por iniciativa própria. Além disso, sempre nos servirão para conhecer o "inimigo" um pouco mais.

Para que lhe apresente amigos que possam interessá-la. Buscar um homem que a interesse não é fácil. Às vezes, por casualidade, você pode encontrar em seu caminho seres masculinos que valham a pena. Mas, se isso não acontece e você tem de passar à ação, irá se deparar com problemas sem-fim. Uma vida de busca por homens interessantes acontece por meio de outro homem, como um amigo de infância, um companheiro de trabalho, um colega de classe ou alguém que você tenha conhecido que não a interessa, mas que está acompanhado de outro que, esse sim, você gosta. Um homem pode ser o caminho para localizar/conhecer/atrair outro homem.

- **Seja ambígua a respeito de suas verdadeiras intenções.** Não lhes diga claramente que você quer que lhe apresentem alguém. Deixe-o intervir para que seja ele quem pensa que pode lhe fazer um grande favor buscando um homem para você. Dessa forma, ele levará isso mais a sério e não a analisará como uma frívola (as mulheres que têm as coisas demasiado claras podem lhes dar medo).

- **Que seja alguém que não espere nada de você.** A chave é buscar alguém que não espere nada (ou seja, se ele tem acompanhante, melhor), mas que tenha um bom conceito de você. Dessa forma, não a apresentará a seu colega rodado, mas buscará um verdadeiro amigo, que lhe importe, um que ele pense ser um grande favor apresentar-lhe.

- **Seja sedutora.** Também se mostre sedutora nesse caso. Pense que os homens gostam de compartilhar suas experiências com as mulheres. Se você seduzir o amigo dele, ele estará desejando que seu amigo a intime para saber qual seria o resultado dessa sedução.

- **Que seja ele quem dê os passos para estar em contato com o outro.** Deixe também que seja seu homem mediador o que decide onde, como e quando a coloca em contato com aqueles que são opções que podem lhe agradar. Que não pareça que você tem muito interesse. Dessa forma, se algum não a interessa, você sempre pode dizer que foi ele que criou toda essa história, que você não deu esperanças.

Para deixar seu parceiro com ciúmes. É certo que se deve fugir dos homens ciumentos e possessivos, mas às vezes essa característica tão masculina também pode nos ajudar em nossos propósitos. Se você quiser chamar a atenção de um homem muito ocupado, muito preocupado com seus assuntos (que podem ser desde os jogos de tênis, a liga de futebol até o Playstation), pouco sensível, sem vontade de aproveitar ou excessivamente chato, talvez seja bom fazer um pouco de ciúmes como medida para que ele reaja e se dê conta de que você está aí e que está pedindo sua atenção.

Se for a uma festa com outro homem, se possível mais bonito, mais rico ou com um trabalho melhor que o de seu companheiro, e ir logo contando quão interessante foi o passeio, você sempre conseguirá o objetivo previsto: fazer ciúmes. Você somente terá de se preocupar em achar alguém que a interesse pouco para que, uma vez utilizado para provocar ciúmes, você possa dar-lhe um pé na bunda e não voltar a sair com ele.

Simplesmente para se divertir. Este último ponto é o mais óbvio e, talvez, o mais difícil de conseguir, porque, nesse caso, o homem não é o meio para conseguir alguma coisa, mas o fim. O homem é o elemento básico de sua saída noturna. Você pode ir jantar, dançar, ir ao cinema, mas o importante é que você vá com ele. Todo o restante é a guarnição da noite; ele é o prato principal.

- **Divertir-se não implica em sexo.** Volto a insistir no que já foi comentado anteriormente: escolher um homem como elemento fundamental de sua saída festiva não significa que a finalidade seja que haja algum tipo de relação entre vocês dois. Não fique todo o tempo pensando no que vai acontecer depois. Divirta-se e ponto!

- **O palhaço.** Muitos homens têm um senso de humor que os faz muito interessantes e divertidos. Busque aqueles seres masculinos que apresentam esse lado palhaço, que serve para esquecer o cotidiano e divertir-se.

- **Uma boa eleição** é a base para conseguir o objetivo. Nem todos os homens servem para divertir-se. Existem os muito chatos, os sem ideias, os incômodos ou simplesmente os muito sérios. Escolha um exemplar que esteja longe dessas características.

6 Como amigos

Um amigo é um tesouro... então que nos aproveitemos dele! Durante anos, você foi uma parceira incondicional de seus jogos de futebol, animando-o ainda que chovesse rios. Assistiu a suas apresentações sobre a mutação genética da mosca do vinagre ou acompanhou-o em diversas festas. Inclusive, você esteve a ponto de escalar o Aconcágua durante umas férias apesar da vertigem que você tem... Ainda bem que o juízo apareceu antes de vocês comprarem a passagem de avião!

A vida é como uma montanha-russa, e vocês estiveram juntos no mesmo carrinho por anos. Subiram um nas costas do outro quando tudo ia mal e o futuro parecia uma promessa sem sentido. Mas também caíram no chão de tanto rir quando se sentiam donos do mundo, amos de um presentes excitante. Juntos vocês choraram de susto, gritaram de medo e sorriram de felicidade. Dividiram problemas e alegrias. Agora você não pode pedir um pouquinho de ajuda? Eu acho que sim. E mais, você não tem direito de exigir um reembolso? Claro que sim! Você o ganhou com habilidade. Mas, se você precisar de argumentos para convencê-lo, aqui vão alguns...

- **Às duras e às maduras.** O vínculo que se estabelece entre dois amigos é, inclusive em alguns casos, mais forte que o que existe entre os casais. E, se não, somente olhe a seu redor para dar-se conta de como aumentam as separações e os divórcios. Assim como o sacerdote ou o juiz de paz diz que, no casamento, os esposos se unem para os bons e os maus momentos, o mesmo acontece com os amigos. O dia em que vocês decidiram converter-se em inseparáveis parceiros foi para as horas duras e maduras...

- **Diga-me com quem andas e te direi quem és.** Você tem um amigo leal ou não? Tem alguém disposto ao que for preciso por você? Quando você precisa dele, ele está aí ou você tem de ir buscá-lo a milhões de quilômetros? Você é leal, disposta e sempre próxima. Como é ele? Supõe-se que, se ele anda contigo, é porque vocês têm qualidades parecidas.

O QUE VOCÊ PODE APROVEITAR E DE QUEM?

Você não pode querer que as vacas voem. Sabedoria popular! Então, por que levá-las em consideração? Essas sentenças caíram muito bem a nossas avós e não temos por que pensar que são águas passadas. Dessa forma, leia nas entrelinhas com atenção para saber o que se pode esperar de cada amigo.

Analise seus amigos: seus pontos fortes e fracos, sua experiência, a trajetória que os une... e tire partido de cada um segundo o que possa lhe convir. Não se trata de um ato cruel ou mercantilista. No fim das contas, você também está disposta a fazer por eles o que for preciso, você os consolou depois de cada rompimento amoroso, acompanhou-os para ver aquele filme horrível quando ninguém queria fazê-lo, conheceu todas as suas tias-avós e viu um jogo de futebol enquanto chovia a menos quatro graus Celsius. E está disposta a repetir tudo isso sempre que for necessário e na medida em que isso esteja dentro de suas possibilidades.

Preste atenção. Uns serão bons companheiros de viagem, enquanto outros serão ideais para um jantar de negócios ou para sair em uma noite de balada. Um pode ajudá-la quando você tiver um problema com o gás, e outro, quando você tiver de fazer a declaração de renda. Certamente um é ideal para ser levado ao jantar familiar e para você fazê-lo passar por seu parceiro e outros, para dar inveja a suas antigas colegas de colégio. Você somente tem de saber qual benefício tirar de cada um e não confundir quem é quem.

Mas não é somente isso: evidentemente, você deve saber como conseguir que eles se disponham a jogar com você. Negociar, oferecer, impor, sugerir, chantagear... Qualquer arma é boa: para nós, nosso fim justifica os meios utilizados.

- **O amigo de toda a vida.** Perfeito para levá-lo a algum compromisso, como o almoço de Natal da empresa ou quando quiser causar boa impressão a um futuro cliente. Não somente nessas ocasiões, mas também quando você quiser fazer ciúmes a um tipo que não se decide, já que a cumplicidade e a conexão de vocês lhe demonstrará que deve ter pressa ou outro tomará seu lugar. Evidentemente, nesses dias horrorosos nos quais tudo sai ruim, seu ânimo está no chão, e você está com um aspecto lamentável depois de ter bebido vinho sem parar para esquecer suas dores ou porque seu passarinho morreu e você está desconsolada, contar com ele é a melhor maneira de passar o baque. O dia em que você necessitar do conselho que salve seu relacionamento ou do presente perfeito para acertar com um novo chefe, a intervenção dele pode ser chave. E também para a típica reunião de primos em que todos irão com seus namorados e namoradas, e você se nega a ser a única que vai sozinha. Tire partido.
  Tática para a vitória: Ele é seu amigo e, se durou por tantos anos, é porque realmente existe carinho e vale a pena. Você não merece perdê-lo por uma besteirinha, dessa forma, tenha cuidado. Explique a situação claramente e nem pense em usá-lo sem seu consentimento. Ele também a aprecia, ou seja, para fazer-lhe um favor estaria disposto ao que fosse. E sem pagamento.

- **O ex-colega da universidade.** Sem dúvida, a intervenção dele pode ser salvadora em qualquer dificuldade profissional na qual você se encontre ou para frear uma competição desleal. Aproveite-se dele e do fato de ele falar bem de você. Peça que ele a elogie na frente dos possíveis chefes ou que a acompanhe em algum evento no qual você tenha de brilhar como especialista. Porém, além disso, nos dias em que você

sentir-se nostálgica, chame-o. Ele pode ajudá-la a lembrar-se de todos os sonhos que você deixou pelo caminho e de todas as potencialidades que você esconde. Ele a conheceu em momentos de plenitude – durante aqueles maravilhosos vinte e poucos anos! – e ele pode relembrá-los com você. Quando estiver com vontade de diversão, ele, sem dúvida, também é uma boa companhia. Bebidinhas, música, bares e cinemas até tarde. No fundo, as coisas não mudaram tanto.
Tática para a vitória: Você saberá o quanto de compromisso você tem com ele, e não somente com ele, mas também com todo o grupo de amigos comuns. Proponho-lhe, como no caso anterior, uma sinceridade absoluta... ou quase. Não o engane, porque, com o passar do tempo, isso não compensará. No entanto, diferente de seu amigo de toda a vida, aqui com certeza você terá de negociar e oferecer algo em troca. Um favor parecido? Um fim de semana onde ele quiser?

- **O novo colega de trabalho.** Converta-o em seu aliado. Se as coisas estão feias no trabalho, que ele seja seu apoio. Mas também se vão bem, necessitará que seu carinho a projeta de invejas e trapaças. Depois de uma tensa reunião, vocês podem comentar juntos os detalhes para aproveitar a situação e, se há um excesso de tarefas, consiga que ele lhe dê uma mão para poder voltar mais descansada.
Tática para a vitória: Você tem duas possibilidades. A primeira, o "hoje por você e amanhã por mim". Isso não deixa de ser uma relação profissional. Deixe muito claro que vocês enfrentam um negócio: nomeie-o seu chefe de relações públicas e aceite o mesmo papel. A outra é a mentirinha encoberta: não lhe mostre suas cartas, mas as utilize quando for conveniente. Mime-o, elogie seus trabalhos, critique quem o criticar... e, enquanto isso, vá ganhando sua lealdade. Existem homens que são como cachorros: uma vez acostumados a seus grudes, confiará totalmente em você e não poderá abster-se desses agrados. Quando ele já não lhe for mais útil... mude de amigo! Faça-o com a tranquilidade de saber que amanhã mesmo você pode mudar de empresa, então... se as coisas se complicarem ou se ele não cumprir com o acordo de vocês, não existirá nada que os una.

- **O melhor amigo do namorado de sua amiga.** Está claro que você vai ter de passar uma longa temporada com eles. Pelo menos até que o casalzinho termine ou se casem e tenham filhos. Dessa forma, o melhor é que, desde o começo, você se alie com ele por sua parte. Ganhe-o, e as sessões de cinema, os fins de semana na praia, os jantares em casa ou as tardes de chuva jogando Banco Imobiliário serão infinitamente mais divertidas. Você não pode falhar com a sua amiga, já que... Por outro lado, ele também pode servir-lhe para obter informações sobre as intenções da outra parte, o namorado, que sejam úteis em algum momento para sua amiga, desde o que lhe comprar de presente e acertar, até como são seus pais ou se ele a engana com outra.
  Tática para a vitória: Unam os interesses e, dessa forma, aproveitem o melhor possível enquanto aguentam "ficar de vela". Será fácil conseguir sua cumplicidade. Demonstre seus encantos, uma simpatia arrojada e proponha planos divertidos que permitam aos pombinhos estar sozinhos e vocês dois... também. De todas as formas, não baixe nunca a guarda. Pode ser que, seguindo ordens do amigo, trate de sondar informação ou manipulá-la para conseguir o que deseja sobre sua amiga. Suas lealdades são claras nesse caso, então, se você avistar perigo, corte qualquer contato.

- **O vizinho gay.** De uns dois anos para cá, os filmes de Hollywood exportam o papel dos amigos gay da menina protagonista. Assista a alguns – desde o memorável *O casamento do meu melhor amigo* até o inesquecível *Sobrou pra você*, com Madonna. Tome nota: esses amigos podem servir desde para ter um filho se você não tiver um companheiro e a idade estiver chegando até para acompanhá-la em um casamento no qual você não quer ser a única solteira. Além disso, sua sensibilidade converte a maioria em bons ouvintes e conselheiros. Colocam-se em seu lugar com facilidade, para quando você tiver uma noite de sorvete e pantufas – dessas nas quais o mundo é uma porcaria e você decidiu desistir – podem ser uma boa companhia. Mas não os leve

com você quando for sair para pegar! Vocês se imaginam brigando pelo mesmo bombom? Ou, pior ainda, ele poderia ganhá-lo de você!
Tática para a vitória: Negocie com ele. Prometa sair de férias em um lugar durante a semana para buscar o homem de sua vida, acompanhá-lo a uma sessão de beleza no spa mais caro da cidade ou fazer-se passar por sua namorada em uma festa de héteros na qual está o homem que o deixa louco. Inclusive, você está disposta a converter-se na mascote do grupo de amigos gays, como nas séries norte-americanas.

- **O arrasa-corações.** Sempre que você souber mantê-lo dentro dos limites e não confundir sua amizade com algo a mais, um amigo desse é muito bem-vindo. É extremamente útil para milhares de situações. O mesmo que você para ele. Por exemplo, você sai em grupo. Há homens que chamam sua atenção, mas... a competição está dura! Uma "piriguete" pretende roubá-lo e demonstra todos os seus encantos para consegui-lo. O que fazer? Peça a seu amigo que entretenha a competidora com muito carinho e interesse. Vamos, que deixe o terreno livre! Talvez a situação seja muito pior: você sabe que vai encontrar o seu ex em uma festa. Além disso, no mesmo evento, estará a menina que o persegue agora... Seu amigo, com sua personalidade irresistível, pode deixar a menina longe do alcance de seu ex. Você imagina a cara do ex? Bem, vale o jantar que você prometeu pagar a seu amigo em troca do favor.
Tática para a vitória: Com esse tipo de amigo, você tem de estar muito alerta. Não deixe que seu coração lhe jogue um mala sem alça ou... que lhe jogue a ele. Por outro lado, enganá-lo é bastante complicado, já que ele sabe todas as jogadas. Faça de tudo uma aventura ou uma bala a mais em seu revólver. Esses indivíduos costumam ter um ego do tamanho de uma catedral, então saem atacando por aí. Faça-o sentir o sabor do risco e da emoção. Diga que somente alguém como ele pode ajudá-la. Se ele não se deixa enganar facilmente, negocie bem o que está disposta a dar em troco do favor, que ele só não lhe peça um rolinho ou uma aventura que não estão em seus planos, ou que você engane uma boa amiga para que ela se converta em uma vítima dele.

Terceira parte

E se não funcionar...

1 O CUSTO DO CONSERTO

O CUSTO DO CONSERTO

"Isso não pode continuar assim", "Já chegamos ao limite", "Não suporto nem mais um minuto" ou "Não há quem aguente uma coisa dessas"... Quantas vezes você se viu repetindo essas frases em voz alta, tratando de convencer-se de que você tinha de dar um giro de 180 graus em sua relação? Em quantos sábados ele a deixou de lado pelos amigos ou pelo futebol e você quis mudar a fechadura para que ele não pudesse entrar quando voltasse?

Não se trata de ser rancorosa, mas, pela sua própria sobrevivência, use a memória. Lembre-se: quantas ligações de telefone foram interrompidas para que ele desse prioridade à mãe dele? Quantos aniversários você passou com um presente comprado em uma loja de conveniência, de última hora e de qualquer jeito? Quantos shows você aproveitou com um acompanhante compromissado? Ou quantas vezes você o pegou olhando demais para outra, ainda que lhe jure de pé junto que nunca faria nada com ela? E assim foi (e é) até o infinito. Cada uma de nós tem nossa lista de pequenos martírios, erros, golpes baixos ou trapaças "sem a má intenção" que nossos companheiros tiveram a ousadia de cometer. E já sabemos que, uma vez, até duas, tudo bem. Mas milhões a matam de humilhação! Estou com você: há motivos suficientes para gritar *pare*. Se fizesse uma lista com todos eles, poderia embrulhar o Taj Mahal ou a Muralha da China.

Por que tolerar de um homem o que você não tolera nem de sua mãe nem de suas melhores amigas? Você começa perdoando uma mentirinha de nada, permitindo que ele fique com 95% da cama ou que coma a comida com as mãos e... você diz "sim" para tudo, convertendo-o em senhor e centro de seu lar ou, o que é pior, de sua existência.

O pior de tudo é que não somente deixamos reinar os homens em nosso coração como senhores medievais com direito à autoridade. Eles governam nossa vida familiar desde que nascemos e a de trabalho até que nos aposentemos, carregam a voz mais alta nas reuniões de vizinhos ou, como especialistas, impõem-nos dietas impossíveis ou tratamentos faciais irrealizáveis para que respondamos ao modelo que têm em suas cabeças e no qual nós acreditamos. Olhe a seu redor, repasse sua agenda, consulte seu álbum de fotos... Desde quando os homens têm sido aqueles que decidem sua vida? Seja qual for a resposta, é claro que é tempo demais. Por enquanto, vamos centrar-nos em nossas relações amorosas. Vamos dar um golpe de Estado com nossa própria loucura, façamos a revolução contra a hipocrisia e os medos que nos dominam. Apliquemos a física, a química e as matemáticas em nossos afetos, e não à literatura ou às artes.

É duro dar-se conta de que, apesar de acreditar que conhecemos bem o gênero masculino, existe algo que não funciona em nossa relação com eles. Colocamos em prática todos os nossos sutis encantos e temos nos glorificado pelo nosso atrativo sedutor; utilizamos nossa inteligência emocional para transmitir nossas necessidades... Definitivamente, conseguimos fazer com que um homem caísse em nossos braços e que, além disso, agradasse-nos, fizesse-nos sentir bem, fizesse-nos ser felizes. Mas, um belo dia, damo-nos conta de que algo falha. O homem em questão não atua como nós queremos que ele o faça; não está cumprindo sua função. É o momento de perguntar-se se você precisa passar para uma nova estratégia: o conserto.

O PORQUÊ DO MAU FUNCIONAMENTO

Antes de mais nada, você terá de analisar os sintomas do mau funcionamento para saber de qual tipo de dano se trata e se ele tem solução.

1. **Sensação ou realidade.** É uma sensação nossa ou existem evidências do mau funcionamento? Lembre-se de que as mulheres têm uma grande tendência a dar voltas demais nas coisas. Não se precipite. Não transforme em um problema algo que é apenas uma sensação.

2. **Tristeza.** Ele está triste, sério ou distante e nada do que você propõe lhe interessa. Responde com respostas evasivas, seus hobbies não o motivam, não quer estar com os amigos e, acima de tudo, quer que você o deixe em paz.

3. **De discussão em discussão.** Qualquer assunto acaba em discussão. Ele está irritadiço, procura guerra constantemente, opõe-se às coisas que antes aceitava e não se importa que essa atitude acabe sempre em gritaria, com batidas de portas e horas (ou dias) para voltarem a se falar.

4. **Há uma encrenca.** Ele buscou uma amante. Você tem certeza disso. Ele deixou-lhe todas as evidências possíveis ou, inclusive, confessou-lhe.

5. **Não dá mais.** Depois de muito tempo tentando tirar dele o máximo de proveito, ele continua priorizando os próprios interesses aos seus. Prefere estar com os amigos a sair a sós com você, continua deixando a roupa jogada por todos os lados, você não consegue fazer com que ele diga que gosta de você nem que faça jantares românticos e lhe dê presentes com carinho. Você deu a ele um tempo para que mudasse sua atitude, mas agora acredita que realmente existe algo em seu software que não funciona.

6. **Não tem interesse em sexo.** Se você propõe sexo, ele lhe dá respostas evasivas e, se você não propõe, ele nunca lhe oferece.

7. **Não tem interesse em esporte.** Não quer ver os jogos de futebol na televisão nem os jornais de esportes, não deseja ficar com os amigos para a partida de futebol de salão ou de tênis. Não a faz ficar quieta quando o telejornal fala do campeonato ou da Libertadores (ainda que existam espécies que são assim por natureza, a maioria dos seres masculinos são ligados intrinsecamente ao esporte. Antes de escandalizar-se porque ele não se atrai pelo tema, consulte o manual de instruções da espécie em questão para saber se isso é dele mesmo ou se é um mau funcionamento).

8. **Não cai em seus encantos.** Pelo contrário, nem se dá conta de que você está realizando alguma manobra de aproximação ou atração. Que você cozinhe seu prato favorito, que tenha comprado a cerveja importada e que a sirva bem gelada, que o receba com pouca roupa e com os lábios de cor carmim, que você proponha um fim de semana louco em um hotel... Nada disso o motiva, faz com que ele mude o semblante ou parece estimulá-lo.

9. **Viciado em TV.** Em casa, não faz outra coisa a não ser passar horas em frente à televisão, ao computador, ao Playstation ou ao Wii. Esse costume não é estranho em muitos homens (consulte o manual de instruções), mas lembre-se de que, para seus interesses, esse tipo de comportamento não a favorece. Se antes era assim, você já tinha de tê-lo mudado. E se, depois de mudá-lo, ele voltou a seus antigos instintos, alguma coisa está acontecendo.

10. **Não se preocupa com sua imagem.** Abandona o desodorante e não se importa em absoluto, passa toda a semana com o mesmo jeans, não cuida da barba, não corta o cabelo...
    ...ou preocupa-se em excesso. Muitos homens não se olham muito no espelho e sempre é a mulher que recomenda que ele mude o penteado ou a barba, que compre isso ou aquilo.

Se, de cara, esse tipo de homem começa a ter uma tendência obsessiva por sua imagem, é porque ele tem um problema de identidade (às vezes, a idade o afeta) ou ele buscou um problema para si.

11. **Ele entedia-se com sua conversa.** Você se dá conta de que ele se desconecta ou, inclusive, diz que você é muito chata e que não tem mais vontade de falar de determinado assunto. Não se lembra do que você explicou nem dá importância para as mesmas coisas que você.

Se você detecta algum desses sintomas (ou mais de um), significa que algo está acontecendo com o ser masculino e que você deve fazer alguma coisa para consertar esse mau funcionamento. Do contrário, seu relacionamento não será satisfatório e trará mais problemas do que soluções a vocês.

AS CAUSAS DO MAU FUNCIONAMENTO

O passo seguinte é encontrar a origem do problema ou disfunção. Nem sempre é fácil encontrar os motivos que o fazem comportar-se dessa maneira que tanto a desagrada. Geralmente, perguntar de forma direta, interrogar algum amigo dele e observar com atenção costumam trazer bons resultados para encontrar uma solução.

Existem muitos homens que parecem mais difíceis de serem diagnosticados, mas não o são, porque, lembre-se, diferente de nós, que somos mais confusas, eles são muito mais simples. Se parece que têm um problema é porque eles o têm. E, se perguntarmos diretamente qual é esse problema, com certeza vão nos dizer. Assim, você descobre que a dificuldade se encontra nos seguintes motivos:

1. **Uma relação dupla.** Ele encontrou outra e não sabe o que fazer. Não sabe se conta para você, se não conta, se larga a outra ou se mantém as duas relações. Acredita que gosta de você, mas sexo é sexo.

2. **Quer deixá-la por outra.** Encontrou outra e quer terminar o relacionamento de vocês e simplesmente está deixando-a morrer porque lhe falta peito para enfrentá-la.

3. **Bloqueou-se.** Você foi demasiadamente exigente com ele e bloqueou-o. Custa muito para ele interiorizar o que você quer. Talvez as "ordens" não tenham sido dadas corretamente e tenham provocado um caos em seu sistema mental.

4. **Sente falta de seus hobbies.** Você não o deixou aproveitar as coisas de que ele mais gosta e agora ele sente tristeza por tudo o que perdeu. Perigo. É o primeiro passo para que termine o relacionamento e busque outra ou muitas outras de uma só vez.

5. **Sente que está mais velho.** É um tema que os preocupa profundamente, em especial no âmbito sexual. Temem não estar à altura ou falhar. Alguns menos ainda encaram bem as rugas, mas são a minoria.

6. **Está sob muita pressão no trabalho.** Tem de atingir objetivos inalcançáveis e não é capaz de colocar um fim na pressão. Ou não conseguiu o aumento que esperava... Qualquer problema desse tipo vai afetar sua masculinidade. Lembre-se do quão importante é para eles o mundo do trabalho.

7. **Está com ciúmes.** Decidiu dar-lhe um castigo porque acredita que você olha para outros ou até mesmo que você está tendo um caso com outro. Pode ser que opte por ignorá-la ou ficar furioso por nada.

8. **As responsabilidades presentes o colocam para baixo.** Sente-se enfadado com a vida de casal por ter obrigações a cumprir, por ter de se ocupar com você e não só com o que ele necessita em cada momento. O dia a dia o deprime: a compra, o jantar, a máquina de lavar, a placa do carro... É difícil entender que são responsabilidades que ele simplesmente tem de assumir e que são tão chatas para vocês dois.

9. **As responsabilidades futuras o preocupam.** Sente-se enfadado por manter um relacionamento duradouro, pela possibilidade

de ter filhos, por ter de comprar um apartamento ou qualquer outra responsabilidade que, cedo ou tarde, tenha de assumir. Sente que vai perder sua liberdade. Essa se trata de uma das principais disfunções dos homens. É um tipo de crise que costuma acontecer periodicamente e que requer uma ação importante, se o relacionamento não acabar antes.

10. **Não dá mais.** Por mais vontade que você tenha, o menino não dá mais. Ele é como é, e, ainda que se esforce para parecer outra coisa a fim de atrair sua atenção ou para que você o queira, no final aparecem seus tiques, obsessões, manias, sua pouca capacidade de entendê-la, satisfazê-la, ajudá-la... enfim, de ter um comportamento mais próximo ao de uma pessoa sensível que de um homem das cavernas.

O que você tem

- **Um urso preguiçoso.** Sempre largado no sofá. Passa os fins de semana na cama até tarde. Por atividade, entende mudar os canais da televisão com controle remoto. No verão, está bem pertinho do ar-condicionado da casa de vocês. E você? É claro, ele não tem nenhum problema com o que você faz. Define-se como um "homem moderno".

- **Um pavão real.** Bunda vejo, bunda quero. Vocês estão em um bar, passa uma morena com um decote em "v" e os olhos dele saltam das órbitas. Em seguida, desprega suas plumas e, com qualquer desculpa, chega mais perto. Faz o mesmo cada vez que você o apresenta a uma companheira de trabalho mais jovem. Não apagou um único telefone de suas ex-namoradas e continua ligando para elas e ficando de conversinha. Seu companheiro garante que tudo é um jogo e que disso não passa, mas, quem sabe...

- **Uma ostra.** Não fala nem sob tortura. Repugna qualquer atividade social e sua agenda de telefones tem somente três nomes: o seu, o dos pais dele e o do chefe. Todos os seus passatempos são feitos para serem desfrutados a sós: da coleção de selos a jogar paciência com o baralho.

- **Um papagaio.** É isso o que é o seu homem. Sempre falando e falando sem parar e, sempre que possível, sobre si mesmo. Nada lhe parece mais engraçado do que suas próprias anedotas. Desde que está com ele, sua conta de aspirinas para dor de cabeça na farmácia multiplicou-se por cem. Nem dormindo fica em silêncio! E pensar que você tem enxaqueca hereditária...

- **Uma mosca.** É chato como só ele. Sempre grudado em você: se vai ao banheiro, ele a segue até a porta. Você fica com sua melhor amiga para fazer um café? Ele apresenta-se casualmente e senta-se na mesa sem cerimônias. Você está brincando com seu sobrinho na piscina? Ele pula feito uma bomba em cima de vocês. Depois de cinco minutos que você saiu de casa para ir ao trabalho, ele já está telefonando porque tem saudades. Inclusive, prefere não pedir nada nos restaurantes e comer do seu prato dividindo o garfo!

- **Um zangão.** Ele gosta de picar e picar e picar... Até que você pareça um coador, de tantos furinhos! Tudo poderia ser feito melhor. Se você se veste de verde, diz que o azul lhe cai melhor. Se você coloca o seu grupo favorito no rádio do carro, ele prefere escutar Vivaldi... e, ao final, consegue. Você se irrita e discute o tempo todo.

- **Um baiacu.** Seu ego, com qualquer pequena vitória conseguida, incha-se e incha-se. Parece que vai explodir. Não há espaço para mais ninguém.

- **Uma ave-do-paraíso.** Precisa de tantos cuidados, mimos, carinhos... que parece de porcelana! Sua mãe o deixou muito mal-acostumado e agora é você quem tem de aguentar o príncipe. Cuidado para não deixar uma janela aberta no mês de junho, porque ele pode pegar uma pneumonia! E se houver uma única ondinha no lençol da cama... ele tem úlceras! O sabonete líquido tem de ser da marca mais cara e o senhorito tem de comer a carne recém-preparada, porque, se já se passaram cinco minutos, não pode engoli-la.

O QUE VOCÊ MERECE

- **Um ativo.** Alguém que, como você, esteja disposto a chegar até a Cochinchina para viver uma aventura que valha a pena, que seja capaz de sair de casa no meio de uma noite gelada para ver o eclipse lunar ou que não se importe em estar com 39 graus de febre se tiver entradas para o melhor show do ano. Alguém que saiba que no movimento, na busca, no descobrimento, no teste... está a dança da vida. Seja sozinho ou acompanhado, aqui ou a 100 mil quilômetros de distância. Se não se move, perde.

- **Um homem que somente tenha olhos para você.** Você não é a mais bonita, nem a mais pronta, nem tem um corpo perfeito. Você já sabe e não tem problema: que o espelho lhe confirme isso a cada manhã não dói, mas... Você pode suportar vê-lo nos olhos de seu amor? Se ele busca com o olhar a perfeição além de seus quadris ou elogia os movimentos de outra com um sorriso, é como se colocasse mil palitinhos debaixo de suas unhas. Você necessita de alguém para quem não haja melhor horizonte do que contemplá-la todas as noites, que lhe dê apoio, aprovação com um olhar e cantadas a cada vez que você passa diante dele. Você está disposta a fazer o mesmo!

- **Alguém sociável.** Você tem milhares de amigos conquistados durante anos e dos quais não quer renunciar. Deram-lhe apoio nos melhores e nos piores momentos e, portanto, a pessoa que estiver com você tem de apreciá-los. E não só... ele deve saber que é com os outros que aprendemos constantemente e que qualquer diversão com companhia é diversão ao quadrado.

- **Um boca-e-orelha.** Ou seja, um companheiro que fale, mas que também a escute, que tenha boca, mas também orelha. Você merece alguém que saiba valorizar o que tem para contar, que lhe dê atenção e se divirta com você. Não se conforme com um homem que somente a deixa interferir quando para de falar para pegar ar ou está afônico com uma infecção das cordas vocais. Vocês têm toda uma vida adiante, de forma que sempre há tempo para que os dois possam falar.

- **Um homem que lhe dê sossego.** Que nem a tenha grudada ao seu lado nem a persiga todo o dia. O que é isso de deixar entre os dois um espaço pelo qual somente cabe um selo de correios? De jeito nenhum: antes de ele ser seu par, você já era você. Você precisa de espaço e ar para respirar. Sabe que ele não faz isso pra controlá-la e nem porque desconfia. Ele garante que a ama tanto que, sem sua presença contínua, seu coração deixa de bater. Você merece alguém mais maduro e mais independente que, por sua vez, valorize o fato de você o ser.

- **Um punhado de açúcar.** O dia a dia está cheio de colegas pegajosos no trabalho, vizinhos desconfiados nas reuniões da comunidade ou motoristas irritados no trânsito. Quando você chega em casa, espera encontrar-se com alguém carinhoso, meloso e terno com quem passar uma noite agradável vendo TV ou cozinhando juntos os pratos favoritos de vocês. Risadas, brincadeiras, piadas, carícias, beijos... isso é o que você deseja descobrir em casa. Você quer uma rosa com algum espinho, mas cheia de fragrância; não um cacto: somente espinhos, espinhos e espinhos.

- **Um que veja o "seu melhor".** Esse é o tipo de homem que você deseja: ele sabe reconhecer as virtudes dos outros, as coisas que fazem bem e os acertos que possuem. Sejam seus pais, seus amigos ou você mesma. De forma alguma, alguém sem autoestima, mas menos ainda com uma estima tão alta que escureça os demais.

- **Um que tenha o pé no chão.** Você sempre disse que merece que lhe cuidem, que a tratem como uma princesa, que gostem de você. Se a seu lado você tem um espírito delicado, uma flor de estufa ou um príncipe plebeu... quem vai tratá-la como você necessita? Aposte em alguém adulto, forte, equilibrado, capaz de cuidar de si mesmo e de encarregar-se de você. Fraldas, você só quer trocar as de seus filhos.

O CAMINHO PARA CONSEGUI-LO

Não existem receitas mágicas. Nem poções secretas. Cada uma de nós é única, e temos nossas próprias armas de mulher. Você sabe o que a espera em casa, qual espécie você enfrenta todos os dias e com que arma você sairá vitoriosa. Matar um mosquito com uma bazuca ou adestrar um leão com uma cenoura, por melhor que seja, não funciona. Estude bem a situação antes de tomar uma decisão sobre como enfrentar essa batalha e, ainda que você peça conselho a livros ou amigas, lembre-se de que a escolha final deve ser sua.

Repassemos juntas alguns elementos que você pode utilizar:

- **O ataque-surpresa...** Quando ele menos esperar... faça desaparecer da geladeira todas as cervejas para que ele não volte a cantar durante altas horas da madrugada, ou substitua todas as pizzas congeladas por acelgas orgânicas. Queime na varanda todas as camisetas velhas, apague da agenda sem deixar pistas o telefone da ex-namorada, matricule-o em um curso de etiqueta com qualquer desculpa ou compre de aniversário duas entradas para ir ver a última exposição de vanguarda.

- **O cerco.** Vá mudando posições de pouquinho em pouquinho. Hoje em dia, passam dois jogos de futebol por canal e um de tênis. Depois do primeiro... o controle remoto pode cair na Coca-Cola! Na semana seguinte, quando sua sogra insistir em convidar-se pelo terceiro dia consecutivo para jantar, não abra a porta. Os DVDs do 007? Foram perdidos na última mudança... ou talvez meia hora atrás "você os tenha perdido" sem que ele soubesse... Quando ele se der conta, seu hábitat terá mudado e, com um pouco de sorte, ele gostará do novo. E, se não, como é um preguiçoso, preferirá que continue assim a esforçar-se em mudá-lo de novo.

- **A paciência que desarma.** Fale com ele, escute-o, faça com que pareça que você o entende e o compreende. Ceda e dê um passo para trás... Mas somente para tomar impulso e avançar outros dois. Por esse caminho, você pode conseguir três efeitos: ou que ele racionalize, o que é genial; que ele se encha e deixe de brigar ou que se sinta culpado ao ver suas boas intenções. Tudo isso o fará mudar ou, pelo menos, permitirá que você faça as mudanças.

- **O ataque frontal.** Sem consideração. Diga muito claramente que acabou. Assim não é possível continuar: ou ele se movimenta ou você o troca pelo vizinho, que é mil vezes mais simpático e forte. Conte tudo o que você não gosta nele.

- **As conversas de paz e acordos bilaterais.** Depois da guerra, ou inclusive antes de declará-la, trate de chegar a um acordo. Negocie. Ofereça algo a ele pelo seu esforço: talvez mudar algum defeitinho minúsculo que você tenha ou pagar umas férias no destino favorito dele para desestressar. Evite essa opção se o seu rapaz for um atrevido, obviamente, porque você acabaria dando a ele mais do que tiraria.

Nem branco nem preto: cinza

Se você continua lendo essas páginas, é porque já entendeu. Não quer seguir vivendo sua relação amorosa e sexual como está fazendo agora. Você detectou que algo não funciona e, inclusive, sabe o porquê. Sabe que merece algo melhor e está disposta a colocar tudo de pernas para o ar para conseguir.

Você não tem medo de enfrentar seus próprios fantasmas nem vergonha do que vão dizer. É uma mulher de seu século: livre de preconceitos e impedimentos, consciente de que, se você não se preocupar em ser feliz, ninguém o fará. O amor, o desejo, o romantismo, os beijos, as risadas, o sexo, as carícias, a confiança e a complementaridade são importantes demais em seu dia a dia para seguirem na mediocridade.

No entanto, no último momento, quando você já tem sua decisão tomada, seus sentimentos passados guardados na gaveta e a visão focada no futuro... aparecem-lhe as dúvidas. Mais do que dúvidas: aparecem-lhe as recordações dos bons momentos; você redescobre as virtudes dele, que não são muitas, ou o seu coraçãozinho move-se diante de um pequeno gesto dele. Bobas assim somos todas!

Há algo nele que o faz realmente especial para você. Seu sorriso, suas palavras, seus carinhos ou até sua simplicidade, suas bobeiras, seus intrometimentos ou sua inutilidade para lidar com as coisas cotidianas... Qualquer pequeno detalhe faz cambalear a decisão que você tinha tomado.

Ninguém a faz rir ou a entende como ele quando você tem um dia ruim. Se sua chefe lhe dá uma bronca no escritório ou você discute com a sua mãe, é para ele que você quer ligar, para que escute seus soluços ou minimize a importância do que aconteceu. Se você está pensando em suas férias, a paisagem varia, mas seu acompanhante é sempre o mesmo: seu homem. Não importa se ele está vestido com uma roupa de frio em uma montanha de neve ou com uma bermuda de praia no Caribe. Ele sempre está com você em seus sonhos, e você ao lado dele, sorrindo.

Se você se reconhece nessas frases, é melhor pensar bem no que quer fazer antes de tomar uma decisão sem volta. Por um lado, você quer mudar as coisas porque o que você vive não a satisfaz completamente. Mas, por outro, existem coisas que você tem que não está disposta a perder. Coloque na balança o bom e o ruim de sua relação amorosa. Para qual lado você tende?

Se lhe custa tomar essas decisões, pegue um papel e uma caneta. Comece a lembrar de situações concretas, de como você se sentia nesses momentos e de como você se sente agora quando se recorda deles. Qual parte é mais longa, a do "prós" ou a do "contras"? Talvez você possa contar com a ajuda de alguma amiga de confiança, que conheça a história de vocês como casal o suficiente para evitar que você pregue peças em si mesma, suavizando as recordações ruins e engrandecendo as boas. Ou para que, pelo contrário, não seja realmente justa com os defeitinhos de seu amor e lhes dê mais importância do que realmente têm.

Também proponho-lhe outro exercício muito divertido. Por um instante, volte aos seus quinze ou vinte anos, quando tudo era idealismo e romantismo em sua vida. Parecia que você via tudo através de lentes rosas. Você se lembra das conversas que tinha com suas amigas? Aquelas festas do pijama, entre revistas de meninos lindíssimos, discutindo sobre os colegas de classe. Ou as noites de São João com promessas para encontrar o amor de sua vida. Ou o diário que você escrevia e no qual anotava como ele seria.

Tente esquecer a idade que você tem hoje e, na medida do possível, de todos os conhecimentos e experiências que a condicionam. Desenhe seu homem ideal em um papel: que olhos teria? Que traços? Ou o que diria a cada manhã quando passasse por você?

Agora, desenhe o homem com o qual você compartilha seu dia a dia. O que eles têm em comum? Parecem-se como um ovo e uma castanha ou, pelo contrário, têm certas semelhanças? Seja honesta consigo mesma: seu futuro está em jogo.

Isso está ficando difícil? Sim. Mas quem lhe disse que o amor era fácil? Se, depois de analisar todos os prós e os contras, o negativo ganhou, lance-se na aventura.

2 Com selo de garantia. Reclamações

Cada coisa no seu lugar

Uma mulher perfeita e irresistível como você, consciente de seu poder, deve tirar de sua videoteca filmes como *Ghost*, *Casablanca* ou *West Side Story*. São bonitos para passar o tempo – quem vai negar? –, mas essa visão boba do amor não combina com você, uma mulher potente, intelectual e sexualmente formada em muitos âmbitos e que aplica a lógica na maioria dos afazeres de sua atividade diária. Se você vai maravilhosamente bem no restante dos aspectos, por que não aplicar os mesmos padrões a seus relacionamentos com os homens? Porém, não caia em um extremo. Mantenha um aspecto inocente, romântico, ingênuo, sensível... que tanto atrai a todos.

Aplicando a lógica

Por um momento, imagine as situações que vou lhe mostrar. Seja sincera, responda às perguntas e, de acordo com as respostas, aplique a história em suas relações amorosas. Certamente em sua vida diária existem saídas que lhe parecem óbvias. Vá além dessa lógica dos aspectos e dos momentos mais emotivos para você.

Você comprou um carro novo. Custou-lhe um montão de tempo para encontrar o modelo que você queria: um conversível verde metalizado. Procurou na cidade inteira e, como não encontrou em nenhuma concessionária, você o encomendou. É bem caro, mas você decidiu que... a vida é curta! O dia chega, ligam da concessionária, e você vai correndo. Credo! Eles se confundiram: é o seu conversível, mas... amarelo ouro. O que você faz depois de todo o tempo em que ficou sonhando com ele?

- Você o leva e diz ao vendedor que não se preocupe, que você já vai se acostumar com ele. Numa boa! Se você pensar bem, a cor não é tão importante.

- Você olha e olha de novo, mas... não fica convencida! Pede que o troquem. Porém, o vendedor usa todas as armas dele para persuadi-la: desde o sorriso até um chaveiro de brinde, passando pelas desculpas do tipo "pode ser que demore dez meses para que me enviem o que você quer". No fim das contas, ele a convence.

- Você quer que o troquem, mas o vendedor chega a ficar até um tanto descarado e agressivo. Encontrou seus pontos fracos e se aproveita: diz que dá na mesma para o que você vai usar, que com certeza o fato de você ficar tão preocupada com a cor demonstra que não entende nada do que é verdadeiramente importante em um carro... Você prefere deixar por isso mesmo, porque começa a sentir-se um pouquinho mal.

- A verdade é que você pagou uma grana preta por esse carro e já faz tempo que o está esperando. Irrita-a que os profissionais não cumpram bem seu trabalho: se eles confundiram-se ao fazer o pedido, o mínimo que podem fazer é consertá-lo o quanto antes. Não cede nem um fio de cabelo e garante que, se não lhe trouxerem o novo em tempo razoável, você reclamará na central. Inclusive, está disposta a chegar aos jornais. Que não a desafiem!

Você tem seu novo computador. Custou-lhe bastante, mas você o considera um bom investimento porque trabalha muitas vezes em casa. Seu irmão, que é técnico em informática, veio para instalá-lo. E... surpresa! Algumas das funções que tinham de ter não funcionam. É verdade que não são importantes e que você não precisa delas, mas você pagou por elas e não sabe se podem fazer falta amanhã.

- O computador tem garantia. Você decide reclamar imediatamente. Prefere ficar uns dias a mais sem computador do que não ter tudo o que o vendedor lhe prometeu. Agora você não precisa de todas essas vantagens, mas, quem sabe, mais para frente.

- Pff! Você tem a garantia, mas a central da marca está no exterior. Quem sabe quanto podem demorar para enviar-lhe um novo! O básico e importante funciona. O melhor para poupar-se de ligações, papéis e visitas à loja é ficar com o que você tem. Desde já, é muito melhor que nada.

- Você tem um amigo que é um *freak* da tecnologia. O melhor é ligar para ele, pedir que mexa um pouco no computador para ver o que consegue e, em troca, você o paga com um bom jantar. Faz pouco tempo, esse menino fez maravilhas com o computador da noiva. Sendo assim, você economiza tempo e dinheiro. Para que servem os amigos?

Você é a mais jovem em uma família de três irmãs. Em seu grupo de amigas, você sempre foi a mais magra. Já faz anos que você trabalha em um grupo de comunicação vinculado à moda, no qual, a cada temporada, chegam-lhe roupas de coleções de lojas e estilistas. Todos esses fatores fizeram com que, durante anos, você ganhasse roupas grátis: seja por herança das suas irmãs mais velhas, seja porque suas amigas haviam engordado ou não podiam usar a mesma saia por duas temporadas ou porque no trabalho você as ganhava. Anos se passaram e, ao olhar seu álbum de fotos e o fundo de seu armário, você se dá conta de que nem os acessórios nem as roupas que você vê realmente a agradam. Nada tem a ver com você: nem com seus gostos nem com seu estilo de vida.

- Você decide fazer uma pequena revolução: pega tudo o que você não gosta, o que já saiu de moda ou o que não a favorece, sem se importar onde as conseguiu ou quem as colocou à força em seu armário. Você se desfaz de tudo isso: queima, joga fora ou doa para uma ONG na África.

- Já não aguenta mais. Decidiu que vai limpar sua vida e seu armário de tantas interferências estilísticas. No entanto, você nunca encontra a hora para fazer isso. Os dias começam a passar, e esse suéter rosa cheio de flores que sua irmã comprou há vinte anos em um mercadinho ou o cinto cheio de alfinetes que sua mãe lhe deu de presente aos quinze anos continuam sendo vistos entre as prateleiras, delatores. Você é incapaz: sabe que, se o fizer, irão lhe fazer mais de uma pergunta e você não está preparada para responder-lhes. Para não se encher com alguém, você prefere continuar vestindo o emprestado. Elas o fazem com boa intenção e com carinho! Afinal, a roupa é só uma roupa, e o verdadeiramente importante é o interior e não o exterior. Se alguém a julga pela forma como você se veste, ele ou ela é quem perde.

- Você tem claro que desse jeito não pode continuar, mas não quer problemas. O mais fácil? Operação some e some: pegar o cartão de crédito e estourá-lo. Comprar de súbito tudo o que você não comprou durante anos: desde sapatos até colares, desde uma jaqueta até um vestido tomara-que-caia. Você chega em casa e encaixota tudo que vinha sendo suas roupas até então, marcando o que está em cada caixa. No dia em que estiver com sua melhor amiga do colégio, coloca as calças que você "herdou" há dois invernos e, se vai a um passeio com sua chefe, veste o *foulard* que ela lhe deu de presente na temporada passada. Sua logística complica-se um pouquinho, mas... vale a pena para não brigar com ninguém!

Estamos em maio. Finalmente as férias estão próximas! Em sua empresa, vocês fazem turnos porque nunca fecham. As pessoas começam a ficar nervosas e já se escuta como alguns afiam suas garras para defender com unhas e dentes os dias de julho que querem.

- Todos os anos, você foi a última a escolher para não brigar com ninguém e a pedido de seus chefes, que queriam evitar conflitos. Você fará o mesmo de novo: uma semana em junho, cinco dias em julho e uma semana em setembro. Adeus a sua viagem em julho pela Europa com os amigos...

- Neste ano, você deu sorte nos turnos. Com você ficou o melhor. No entanto, um colega tem o casamento do filho nesses mesmos dias, nos Estados Unidos. Você e seu companheiro irão para a casa de vocês nas montanhas, mas tanto faz quando. Você decide ceder o turno.

- Estabeleceu-se um turno rotatório há alguns anos. Neste verão, você quer desfrutar de três semanas em julho e está sonhando com isso. Não tem nenhum plano especial, mas é de seu direito aproveitá-las. Aconteça o que acontecer, você não vai fazer pulso mole para fazer valer a lógica.

- Acabou. Todos vão ficar sabendo: caia quem cair, você pega os dias que quiser. Você é uma das veteranas, e isso tem valor. Ou não? Quem quiser que chore. Não pense em ceder.

Você tem um bom caráter, é conformista e conciliadora. Desde pequena, fez o impossível para evitar confrontos entre irmãos, vizinhos, amigos e seus companheiros... ainda que fosse às custas da úlcera de estômago que não a deixa viver ou de várias noites de insônia. No entanto, a situação na qual você vive chegou a um extremo preocupante para sua saúde.

- Você se sente impotente: ninguém lhe agradece por seu esforço e, inclusive, alguns irritam-se pela atitude que você tem. Não entende porque isso acontece com o tanto que você se esforça para deixar todos contentes. Está claro: você deve redobrar sua dedicação para que todos vejam que o faz de coração.

- Nunca é tarde para mudar. Com o passar do tempo, você se deu conta de duas coisas: ninguém lhe agradece pelo que você faz e, em muitos casos, tapar os conflitos só ajuda a fazer com que pulem à frente com mais força. Chega de ser o bombeiro de todos os fogos que começam a seu redor. É claro que, se você está próxima e pode ajudar, colaborará em acalmar os ânimos nas tempestades, mas não com um esforço sobre-humano. Não se trata de virar agressiva nem reclamona. Você continuará sendo de bom caráter e sorridente, mas...

- Está claro: você vai mostrar suas unhas. Isso não pode continuar assim. Ultimamente você se sente muito sem graça e infeliz. Você não está disposta a deixar essa situação perpetuar-se: se você tem de gritar, grite. Se você tem de murmurar, murmure. Parece que só assim a respeitarão. Adeus ao antigo você. Subitamente.

Desculpas esfarrapadas: entram por um ouvido, saem por outro.

Vamos aplicar os resultados, que certamente são tão lógicos e práticos, à operação de mudança. O primeiro passo para dar esse giro em sua vida amorosa com o qual você sonha é estar convencida 100%. A mudança necessita de esforço, e você deverá pagar um preço por isso. Nada é grátis! Portanto, o melhor é estar segura de que você a quer, necessita e merece para não voltar a olhar para trás com nostalgia ou arrependimento.

Uma vez que você der o primeiro passo, não deixe que nada nem ninguém a faça retroceder. Você se lembra do Ulisses, o herói grego? Na viagem de volta à sua terra, depois de anos e anos de guerra e aventuras, tropeçou em diferentes obstáculos que tratavam de distanciá-lo de seu desejo. Você, como ele, escutará cantos de sereias que tentarão detê-la ou dissuadir sua ânsia de revolução.

E não falo somente dele, seu príncipe azul que vê o seu trono correndo perigo. Falo das amigas bem-intencionadas de toda a vida, da sua mãe e de suas irmãs, das dele, dos colegas comuns de farra ou dos vizinhos com os quais vocês se dão tão bem. Escute o justo. Ninguém sabe como você o que se passa em sua vida e ao que você tem direito.

Aqui vão algumas das desculpas que você escutará. Lembre-se, são desculpas! Não são conselhos, nem propostas, nem ajudas, nem... São vínculos mascarados, arrependimentos disfarçados, covardias escondidas.

- **Aquela frase "quem a quer bem a fará sofrer"** não vale para você. Talvez para sua bisavó! Você tem isto claro: as coisas mudaram, e muito, desde que alguém lançou essa frase. O guia do sacrifício na ordem do Amor (com maiúscula) ou o papel de mulherzinha abnegada e entregue não estão em seu repertório. Você o deixa para filmes em branco e preto ou para livrinhos que cheiram a passado em lojas de segunda mão.

- **Amar é entregar-se ao outro. Desculpar seus erros. Estar junto nos momentos bons e ruins.** Bem, bem... mas por que se conformar com o ruim ou o regular sem aspirar a conseguir o bom? Desculpar seus erros? Uma vez sim, mas ...durante 24 horas do dia, 365 dias no ano, 50 anos de sua vida? E quem desculpa os seus? Quem reconhece suas diferenças e peculiaridades?

- **O amor faz com que você priorize o outro.** Você deixa de existir em favor de algo muito maior. Cada vez que escuta isso, pergunta-se: que graça pode ter a vida entendida dessa forma? Você trabalhou nessa relação: por que não desfrutar dela quando está madura? Por acaso não se apaixonaram por você?

- **Melhor um mal conhecido que um bem para conhecer.** Essa mentalidade conservadora está muito ultrapassada. Por medo, por insegurança, pelo que digam... Mas você e eu sabemos que isso não é verdade. Se um vestido, por mais estupendo que seja, não a favorece, você não fica com ele. Continua procurando em outras lojas e olhando revistas. No final, você encontrará o que busca e estará muito atraente. Não tenha medo da incerteza, do mistério, da espera, da busca...

- **Mais vale um pássaro na mão do que dois voando.** As mulheres do século XXI já não precisam de um homem sempre a seu lado para ter uma vida completa e satisfatória. Aprender isso nos custou muitas gerações: nem todas nascemos para ser mães ou esposas modelo. Se você não encontra ninguém que lhe faça diferença, não se preocupe. Viva aventuras, dê voltas, desfrute de sua liberdade e... seja feliz. Estou convencida de que você estará melhor sozinha do que mal acompanhada.

- **Depois de alguns sapos, há um príncipe, mas, ao beijar a maioria dos príncipes, eles nos parecem sapos.** Mentira! Isso foi imaginado por alguma invejosa, farta de ver como suas amigas conseguiam homens ótimos enquanto ela não alcançava nem as migalhas de um relacionamento qualquer. Você realmente acredita que todas as modelos são estúpidas? Ou que todas as loiras têm a cabeça oca? Nem pensar! Muitas dessas frases são fruto da síndrome de "a raposa e as uvas". O que está fora de seu alcance não é interessante, não vale a pena. Além disso, os casais perfeitos existem. Há um homem ideal – ou vários! – esperando por você, mais perto do que você imagina.

Certamente, se você consultar sua mãe ou essa amiga fingida que todas temos, elas dirão que é preciso valorizar o que você tem, olhar a seu redor e, assim, você se dará conta de que em sua casa existe um diamante bruto esperando-a. Seu companheiro não a engana com outras mulheres e somente tem olhos para você... Era só o que me faltava, você pensa! Não é um ditador nem tem você em casa com uma perna quebrada. Vivemos no século XXI e não no Pleistoceno! Quando você pede a ele que a ajude em casa, ele o faz, ainda que você tenha que persegui-lo arrumando os erros que comete. Não tem vícios além de jogar na loteria todas as semanas com um grupo de amigos ou os cigarros que ele fuma escondido enquanto leva o lixo para fora para que você não brigue com ele. Sua ideia de ficar bêbado passa por beber quatro cervejas e combiná-las com um rum com coca e a última vez que perdeu os sentidos quase não tinha barba. E, para ele, abusar de alguém somente significa furar a fila da padaria.

Uma mulher "dez" merece... um homem "dez"

Fato. Não negue: você já sabe que não viveria nem com Barba Azul nem com Jack, o Estripador. Nem se estivesse muito louca para fazer algo assim! No entanto, por que se conformar com algo que não está mal quando se pode ter o melhor? Isso é o que você pensa e algumas pessoas parecem não entender sua maneira de ver as coisas. Se você não se conformar com qualquer bolsa que a deem de presente nem com qualquer vestido que a tira de apuros, por que aceitar um companheiro com consertos provisórios?

Você trabalhou muito para chegar a ser quem você é. Certamente começou sendo um patinho feio e hoje avança pela vida majestosamente, como um cisne. Não falo somente do exterior, mas também de sua alma e de sua mente. Mas que conste que a envoltória é importante. Que atire a primeira pedra a que nunca desejou um homem por suas costas bem formadas para ser abraçada com força ou que não tenha se derretido imaginando as mãos perfeitas desabotoando a sua blusa. Consciente do poder da física e da química, você manteve milhões de regimes na busca pelo corpo perfeito para satisfazê-lo, gastou muitos e muitos reais para ter um armário digno do homem que você tinha a seu lado e mudou seu penteado de acordo com o que ditavam cada uma das tendências da moda. Você já usou ombreiras, caminhou sobre plataformas que a faziam parecer um artista de circo, suportou brincos de argola nos quais poderiam subir três papagaios e vestiu todas as cores imagináveis, desde o rosa pastel até o laranja ou o preto funerário. Tudo para estar atraente, sexy, desejável... e na moda. Depois de tanto sacrifício e tantas lágrimas derramadas por renunciar ao chocolate e ao champanhe, você não merece alguém que a admire como a Vênus na qual você está a ponto de se converter? E mais, não merece a seu lado um Apolo?

Além dessa luta física, com os anos você aprendeu a cultivar--se. Você se formou em todos os tipos de cursinhos, que iam desde aprender russo até a dança do ventre, passando pela arte dos bonsais ou pelas novas tendências da arte de pós-vanguarda. Você rodeou-se de conhecidos e amigos de certo nível, viajou para abrir seu espírito a novas culturas e leu milhares de revistas e livros sobre as últimas tendências. Praticou esporte, explorou sua mente por meio da meditação zen ou do tantra... Por que se acomodar com alguém que, nos últimos vinte anos, a única coisa nova que foi capaz de aprender foi o nome dos últimos campeões de motociclismo? Por que compartilhar sua vida com quem acredita estar na última moda e ser inovador exclusivamente por ter o último modelo de celular ou saber jogar Wii?

Com selo de garantia

Se, apesar de tudo, como já dissemos, você acredita que ele tem solução e vale a pena... perfeito! Isso não significa que você deva render-se ou renunciar aos padrões de qualidade que você deseja e dos quais acabamos de lembrar. Por que não ter tudo? O presente de que você gosta, com uma embalagem nova, mais brilhante.

Todos podemos mudar; sendo assim, concedamos o benefício da dúvida ao nosso homem. Quando você o conheceu, ele prometia e, no entanto, com os anos, foi perdendo essa cor que a fazia vibrar. Seu amor, seus detalhes, suas lágrimas, suas brincadeiras, seus beijos, as milhares de recordações compartilhadas, as viagens, os dias de chuva, as conversas de madrugada, a última taça da noite em sua companhia... compensam qualquer pequeno erro ou manchinha em seu expediente. Você o conhece e sabe que por você ele faria qualquer coisa. Peça o maior presente de todos: que ele se converta em um homem "dez" para você, em sua média, em seu yang. Para isso...

1. **Abra a sua boquinha.** É culpa tanto sua como dele terem chegado a esse ponto: ele por deixar e você por estar calada. Faça-o saber do que você não gosta, o que você não suporta, o que não está disposta a aguentar. Mas não seja somente destrutiva: diga tudo aquilo que a faz sonhar e vibrar.

2. **Homens são homens, então...** seja muito clara com suas intenções. E, junto, dê exemplos concretos do que é o que você deseja. Não espere que ele o imagine ou descubra por si mesmo. Missão impossível!

3. **Anime-o.** Além de explicar muito claramente o que você espera e o que não pretende tolerar, marque prazos e objetivos claros. Pense que a tendência natural não é a mudança, mas, sim, a permanência de como estamos. Mudar implica a vontade de fazê-lo e esforço, muito esforço. Tratem a tarefa como uma missão militar ou como um desses regimes draconianos que acontecem depois de cada verão. Com calendário, metas de curto prazo e revisões de tempos em tempos.

4. **Esteja consciente do perigo.** Não deixe que ele se esquive como sempre. Se ele não a vir séria, dura, inflexível, decidida... tratará de montar em você com um sorrisinho ou com declarações de boas intenções. Inclusive, é capaz de dar-lhe um presente: a viagem a Paris que você sempre lhe pediu ou um anel lindo. São remendos. Lembre-se: você já não quer mais remendos. Você quer mudanças de verdade. Ou isso ou... quem sabe do que você é capaz? Deixe-o ver que, desta vez, suas intenções são firmes e vão longe, até a ruptura, se for necessário. Que ele sinta o poder de seu punho de ferro abaixo da luva de veludo.

5. **Faça-o provar seu próprio veneno.** Se for necessário, não hesite em fazer essas coisas que tanto a desagradam ou incomodam. Que ele sinta na própria carne o difícil que é viver em "condições ambientais" adversas. Talvez assim ele entenda quão insuportável é fazê-la conviver com esses defeitos que tantas vezes você apontou. Estique-se ocupando todo o sofá, com um pijama cheio de manchas e deixando sem depilar os pelinhos estratégicos das axilas e o bigodinho que todas temos. Não ligue para ele todo o dia, ainda que você saiba que ele teve uma reunião muito importante. Diga que fará a janta e prepare congelados toda a semana. Fique com seus amigos no fim de semana sem consultá-lo. Faça-se dona

do controle remoto da televisão e imponha uma maratona de filmes do tipo *Mensagem para você*.

6. **Ofereça prêmios.** Se você somente oferece normas e ameaças, com a primeira mudança ele vai vir abaixo. Trata-se de evoluir, melhorar... mas em nenhum caso de fundir ou perder o que se tem de bom. Não se esqueça de que, se você está fazendo isso, é porque gosta dele e sabe que ele é perfeito para você. De vez em quando, motive-o com algum pequeno prêmio. No fundo, estamos reeducando-o, sendo assim, faça como se faz com as crianças: reconheça seus méritos; quando ele fizer algo bom, elogie-o e, se necessário, engrandeça-o. Prepare planos que o agradem e participe deles. É bom que ele saiba ver que você o aprecia e que também está disposta a ceder.

7. **Não hesite se for necessário pedir ajuda.** Rodeie-se daqueles casais de que você gosta, faça atividades com amigos que se parecem com o que você busca. Uma imagem vale mais do que mil palavras. E, se isso não bastar, não hesite em propor que busquem ajuda. Desde um estilista ou um treinador pessoal até um terapeuta ou psicanalista, passando por um professor de etiqueta ou de ioga. Você já sabe que os homens são rebeldes inclusive para pedir que os ajudem quando não encontram uma rua, então... serão mais ainda teimosos quando for preciso que eles se transformem em alguém "dez"! Não ceda nesse aspecto se para você for importante.

8. **Roma não foi feita em um dia.** Fique tranquila. Tenha paciência: é normal que as coisas não saiam como você quer no primeiro dia. Espere: as flores mais preciosas são as que demoram mais para amadurecer. Com carinho, com tempo, com dedicação, sem pressa... você obterá o que tanto merece.

Mãos à obra

Você tem de tomar a direção. Seu namorado, seu amante, seu marido não pode começar a mudar só por mudar. Imagine! Se fosse assim, um dia você dormiria com um pícaro como George Clooney e se levantaria com um inteligente como o Bill Gates sem aviso prévio. Qual seria sua cara? Que atitude você adotaria? Essas mudanças de personalidade podem criar muita confusão em seu relacionamento. Fuja delas como se fosse da peste.

E mais, se você não lhe dá alguma pista, ele pode converter-se em algo muito pior do que é. E, além disso, perdido, desnorteado. Em sua evolução poderia perder todas as características que o faziam diferente ou especial para você. O melhor é ter claro o que você deseja para, com suas armas de mulher, consegui-lo. Como já dissemos, um homem é uma máquina de escrever de primeira geração: de uso simples e que necessita de instruções bem claras. Se você digita um "a", escreverá "a". Se digita um "m", será "m". E, tecla a tecla, você escreverá a palavra dos sonhos. No entanto, tenha em mente uma coisa. Existem homens que se dão bem e inclusive agradecem as instruções claras e diretas. Mas outros... Ah! Necessitam acreditar que a ideia parte deles e que controlam a todo momento o que lhes afeta. Você saberá que tipo tem em casa: dos dirigidos por controle remoto ou dos autônomos. Comporte-se em função do que lhe convenha: você tem armas de sobra para conseguir o que se propõe.

Uma vez detectado o problema e a sua origem, passamos para a tarefa mais dura: reparar o perdido. No geral, afrontar uma reparação é sempre um inconveniente. Você tem de buscar um técnico especializado, dedicar um tempo para solucionar o problema e isso, sobretudo, costuma ter um custo econômico. Se você é muito mão de vaca, existem desacordos domésticos que você pode enfrentar sozinha. Porque com as relações homem-mulher acontece o mesmo: deve-se conhecer o tamanho do problema, buscar alguém que possa solucioná-lo ou, ao menos, ajudá-la a solucionar e pagar por isso (seja com dinheiro ou esforço físico e mental). E, se você for uma grande recuperadora de situações difíceis, talvez sozinha, com sua imaginação e seu poder de persuasão, consiga solucionar o defeito.

Com diálogo. A primeira forma de tentar solucionar um mau funcionamento é comprovar que todos os cabos estão corretamente ligados na tomada e limpar as engrenagens ou os circuitos, no caso de algum elemento externo estar obstruindo a máquina. Em uma relação, também se deve limpar os equipamentos quando vemos que existem problemas. E a melhor forma de colocar todos os circuitos, cabos e engrenagens no lugar é o diálogo. Deve-se tentar falar do problema, identificá-lo, entrar em consenso para que fique claro em qual momento da relação nos encontramos e se o que falha é algum de nós, os dois, ou se simplesmente existe algo que obstrue o funcionamento normal das engrenagens da relação de casal.

Os homens não costumam gostar de ser dramáticos, de agarrar a raiz do problema e falar dele. A primeira coisa que lhe dirão é que não existe um problema, que tudo é imaginação nossa, que não fiquemos dramáticas.... Sentem-se como uma criança que foi pega em flagrante fazendo alguma travessura. No entanto, lembre-se de que as mulheres sabem muito de inteligência emocional. Exponha as coisas claramente, evitando acusá-lo e propondo que o problema é dos dois: "Acho que alguma coisa está acontecendo com a gente e temos de conversar. Nosso relacionamento não está no melhor momento, mas acho que, se conversarmos, podemos resolvê-lo e ficar bem".

Diga o tanto que ele importa para você, quão bem as coisas estavam antes, a maravilha que era a relação de vocês e como "o problema em questão" está colocando tudo a perder. Não coloque drama demais, isso é o que mais detestam. E, sobretudo, dê muito reforço positivo: lembre-o a todo momento das coisas de que você gosta nele. Se você consegue fazer com que comece a falar do problema, já o terá solucionado pela metade. Geralmente, fazer com que ele aceite que alguma coisa está acontecendo já é uma vitória. Dependendo de qual for a questão, o diálogo continuará. Você tem de manter os nervos relaxados, seja qual for o motivo. Porque, insisto, eles estão preparados para nossos números histéricos. Pelo contrário, se sorrimos a eles e dizemos: "Vamos procurar uma solução", iremos desconcertá-los e é mais provável que estejam dispostos a nos escutar.

Como todo conserto, o diálogo também tem um custo: você tem de engolir seu orgulho, tem de ter paciência, tem de fazer esforço para ser clara e mostrar seus verdadeiros sentimentos... Mas tudo é para que o mau funcionamento não continue. Então, a necessidade de chamar o técnico ou a resolução do problema dependerão de quão grande for a questão a ser resolvida e do passo que ele está disposto a dar para tentar mudar.

Os amigos. Antes de ligar para um técnico profissional, sempre é útil tentar fazer com que um amigo lhe dê uma mão para reparar o mau funcionamento de seu relacionamento. Os amigos íntimos dele são de grande ajuda, sempre e todas as vezes que souberem da máquina que você tem nas mãos. Para confiar nos amigos íntimos dele, você tem de ter garantia de que sejam realmente próximos e que eles achem, como você, que é uma pena que a relação se deteriore por um ou outro probleminha.

Não faça drama, simplesmente mostre-se muito preocupada com seu homem. Dessa forma, você os deixará sensíveis. Em seguida, interrogue-os sobre a gravidade da questão: "Ele leva realmente tão a sério essa confusão?"; "Onde você acha que eu estou errando?"; "Você acha que ele está passando por um momento negativo e nós temos de apoiá-lo?". Essas são algumas das perguntas que os amigos a ajudarão a responder. Além disso, podem servir de intermediários. Nem sempre é fácil falar com um homem. Às vezes, um outro homem, que utiliza os mesmos *códigos*, pode conseguir convencê-lo. É necessário que você se venda muito bem. Você pode utilizar frases como: "Ninguém vai gostar dele como eu"; "Ele é o que há de mais importante na minha vida"; "Estou disposta a esforçar-me para entender melhor as necessidades dele"; "Talvez eu tenha sido muito dura com ele".

Certamente você terá de se mostrar como parte culpável do problema. E seguramente você é, mas agora o importante é conseguir que o amigo convença seu homem de que deve dedicar toda a atenção do mundo a você, de que tem de deixar a outra porque você é melhor, de que necessita de atividade sexual ou de que já passou a época de mostrar-se dessa forma tão amena e pouco imaginativa.

Com a ajuda de um terapeuta. Se você acredita que a reparação vai ser difícil, resta-lhe somente uma alternativa: o profissional. Para solucionar os problemas de casal, você pode acionar um terapeuta, um psicólogo de casais, por exemplo. Mas, quando falamos de alguém especializado, existem muitas outras opções que podem ser boas.

- **Um massagista** que relaxe os músculos e, ao mesmo tempo, lhe dê uma boa surra. Essas técnicas fazem com que vocês possam pensar melhor, de uma forma mais relaxada e com as visões mais amplas. Dessa forma, depois da massagem, exponha que algo deve ser feito para solucionar o problema. Certamente ele se renderá às suas propostas.

- **Um acupunturista.** Essa técnica de medicina chinesa serve, entre outras coisas, para recarregar as baterias. Portanto, quando o problema é o aborrecimento de seu companheiro, o estado de paralisia no qual se encontra o relacionamento ou inclusive a falta de apetite sexual, uma boa solução é a acupuntura. Você verá como a energia volta a fluir nele. Prepare um jantar romântico para quando ele chegar da terapia e a reparação estará garantida.

- **Academia.** Muitas vezes, o trabalho ou os anos fazem com que vá se perdendo este instinto tão masculino de tentar ser o dominador da tribo. Então, atuam como se sentassem para deixar o tempo passar e não tivessem energia para nada. Ir para a academia vai tonificar os músculos dele, que vai conseguir ter uma melhor forma física e, quando se olhar no espelho, irá se ver mais atraente, mais forte, mais sensual...

Todos esses "terapeutas" servem para melhorá-lo e para garantir que você não fique mal depois do estresse da situação. Dessa forma, você inclusive pode programar uma visita a um deles no mesmo dia que ele. Assim, o corpo relaxado ajudará a liberar a mente de vocês e dar asas à imaginação para conseguir compenetração e.... tudo o que possa vir em seguida.

Não forçar a máquina. Às vezes, certamente, somos exigentes demais. Pedimos que sejam românticos e práticos ao mesmo tempo. Que nos digam muitas vezes que gostam de nós, mas que, simultaneamente, não se esqueçam de que a geladeira está vazia.

Dizemos a eles que avancem até nossos pensamentos e, quando eles tentam, criticamos suas atitudes. É assim, somos exigentes por natureza e sempre pedimos mais. É fato que temos direito a ter um homem "dez", mas talvez devêssemos trabalhar para que isso aconteça em uma velocidade mais lenta. Se forçarmos a máquina, no fim das contas, ela quebrará.

- Você tem de tentar reforçar positivamente aquelas coisas que ele faz para que você se sinta bem. Se lhe dá flores, ainda que elas sejam horríveis, diga que gostou muito, que cheiram deliciosamente e que a encanta que ele tenha feito isso para você.

- Você também deve aprender a pedir as coisas com muito carinho e sedução. Não é preciso ordenar, mas, sim, sugerir. Por exemplo, se você quer que ele vá comprar algo, você pode dizer: "O que você acha de ir ao supermercado e comprar alguma coisa para jantar que me surpreenda? Aproveite também para comprar o que eu escrevi na lista".

- Surpreenda-o de vez em quando com detalhes de todos os tipos: um fim de semana romântico, uma noite louca, um filme de ação desses que você tanto odeia, mas que ele gosta muito...

- E, acima de tudo, aposte em dar uma dose extra de carinho. Ele nunca vai lhe pedir isso, mas, no fundo, está querendo.

Com dinheiro. O dinheiro não cura tudo, mas é verdade que ajuda a viver melhor. Além disso, às vezes, somente com dinheiro pode-se reparar alguns problemas. Depois de um desengano com um homem, quando você deve admitir que algo aconteceu de errado e deve tentar achar soluções para os problemas, há muitas coisas que, com dinheiro, são melhores.

- **Nós, mulheres...**
  - ...Vamos às compras.

- ...Visitamos um terapeuta.
- ...Visitamos um spa.
- ...Damo-nos o prazer de jantar em um lugar caríssimo.
- ...Fazemos uma viagem.
- ...Compramos livros de autoajuda.
- ...Vamos ver filmes românticos, que nos façam chorar.
- ...Compramos uma garrafa de vinho excelente com algumas delicatéssen e engordamos enquanto vemos TV.

■ **Para eles...**

- ...Compramos alguma coisa que sabemos que lhes causa uma grande ilusão. Se for possível, algo sobre o qual que sempre havíamos nos oposto. É uma forma de que vejam que estamos cedendo e tentando uma nova aproximação.
- ...Indicamos um curso de cozinha criativa. Assim, aprenderão algo útil e se relacionarão com outros seres masculinos (que sempre se inscrevem nesses cursos) com os mesmos problemas.
- ...Presenteamos com um livro que reflete claramente seus problemas e passamos o dever de que o leiam um pouco por dia. Quando se virem refletidos nos livros, eles se conscientizarão de como realmente são.
- ...Marcaremos um jogo de *paintball*, ou uma descida por águas bravas, ou um voo de *paraglider*. Lembre-se de que os homens gostam de aventuras.

O dinheiro também pode ser o meio de fazê-lo ver quão mal as coisas foram e quão urgente é necessário reparar o assunto. Se for possível, garanta que os custos para compensar todo esse estresse tenham saído do bolso dele também. A princípio, não lhe importará, mas chegará um momento no qual ele vai dar conta de que algo deve ser feito para voltar a aproximar posições.

3 Admitem-se devoluções

Você é uma lutadora. Já tentou de tudo. Você fez mil planos de onde passar as férias, foi ao psicólogo de casais e, por desgraça, nada funcionou. Seu homem não é moldável nem reformável, mas duro como uma rocha. Definitivamente, você se deu conta de que as pessoas não mudam. E seu companheiro é um exemplo paradigmático dessa grande verdade. Você está farta de suportar que ele seja tão vagal, de suportar sua frescura, sua maneira de ser e de que se refugie em seus velhos padrões de conduta. Bem-vinda ao clube! Você não é a única que passou por isso.

Muitas mulheres na História da humanidade sentiram na pele essa situação antes de você e decidiram-se por devolvê-la. "Devolvê-la? Onde?", você vai perguntar-se. Ao lugar de onde a tiraram: da rua, de outra cidade, de outro país, de seu lar materno, de seu próprio apartamento, de um apartamento compartilhado com outras pessoas, de uma pensão ou de um hotel e, inclusive, da internet. São tantas possibilidades!

Talvez a iniciativa lhe pareça muito precisa e arriscada: uma decisão sem retorno. Mas esse não é o momento para sentimentalismos. Recapitule e pense em todas as jogadas que você fez e em tudo que não fez e que, vale a redundância, fez você sofrer tanto. Você não acha que já concedeu muitas oportunidades?

Pense no grande mercado do mundo

No grande mercado do mundo, o habitual é que, quando alguém compra um produto, exige uma garantia e reivindica uma compensação se ele vem defeituoso ou deixa de funcionar. Por que não pensar nesses termos quando você se une a alguém? Se lhe vêm dúvidas acerca dessa dura decisão de devolvê-lo, analise ponto a ponto os direitos e deveres dos cônjuges segundo o Código Civil brasileiro e que, provavelmente, assemelham-se bastante aos de outros países de cultura ocidental, onde as leis reconhecem certos direitos ao casal. Considere-o como um acordo nupcial que você adquiriu no casamento ou ao viver em casal e analise se ele o cumpriu – você já vai ver muitos pontos que ele não fez – e se você ter permanecido com ele atribuiu algo à sua vida. No capítulo IX, o Código Civil brasileiro expõe quais são esses direitos e deveres dos envolvidos. Agora pense você:

1. **Vocês foram iguais?** O artigo 1 566 diz que existe "base na igualdade de direitos e deveres dos cônjuges". Quando você pensar sobre esse ponto, analise essas longas tardes nas quais ele permaneceu sentado no sofá no estilo Homer Simpson, pedindo-lhe para levar uma lata de cerveja após a outra, umas batatinhas fritas e umas azeitonas para ver o jogo de futebol dos sábados à noite, ou quantas vezes ele sequestrou a televisão para ver os esportes ou um filme de ação. E, enquanto isso, o que você fazia? Certamente preparava o jantar, colocava a mesa, estendia, passava e dobrava a roupa, regava as plantas, colocava as crianças para dormir – que são, de fato, filhos de ambos – e um longo etc. Se essa foi a situação, o artigo 1 566 não se cumpriu. E não de sua parte. Talvez já seja hora de você devolver esse personagenzinho de desenho sem graça.

2. **Vocês se respeitaram?** O artigo 1511 estabelece que os cônjuges devem respeitar-se e ajudar-se mutuamente e agir pelo interesse da família. Você acredita que ele a respeitou

permanecendo sentado ou largado no sofá enquanto você trabalhava fazendo todas as tarefas domésticas? E, com o suposto de que ele tenha sido um homem colaborador, ele trabalhou tanto quanto você em casa e a ajudou em tudo de que você necessitava? Pode ser que não, ou pode ser que sim, mas talvez seu ponto fraco tenha sido o do típico indivíduo que age pelo próprio interesse e não pelo da família que ele formou com você. Nesse caso, poderiam-se incluir muitos tipos de homens. Exemplos deles são o *workaholic*, ao qual somente interessa prosperar em seu trabalho e que descuida de sua família; ou o *filhinho da mamãe*, que só atende aos interesses da mãe dele – ou seja, sua sogra – e que não pensa em sua família política, que é a sua; ou o egocêntrico com espírito de *Peter Pan*, que, ainda que esteja casado, mantém essa atitude infantil que o impulsiona a viver uma vida de solteiro, saindo de balada e chegando de madrugada sem avisá-la e sem contar com você. Sem dúvida, esse é o claro exemplo de um tipo que está pedindo a gritos que lhe devolvam à solteirice. Nunca se comportou como um casado e, ainda que não o saiba, sua vocação e estado civil ideais são de solteiro para toda a vida.

3. **Viveram juntos e foram fiéis um ao outro?** O artigo 1 566 assinala ainda que os cônjuges estão obrigados a viver juntos, serem fiéis e prestar mútua assistência. Devem, ainda, compartilhar sustento, guarda e educação dos filhos e responsabilidades domésticas. Mas, no caso de vocês, seu companheiro ou marido não cumpriu com nenhuma das regras do jogo que esse artigo deixa bem explícitas. A seus ouvidos chegaram, seja porque ele lhe disse ou por meio de terceiros, a notícia de que ele dormiu com outra; ou, o que é pior, você o pegou em flagrante. E sua infidelidade não é tudo. Inclusive em seus melhores momentos, quando as coisas iam bem entre vocês, ele não foi exatamente um exemplo de virtudes. Entre seus dons, por exemplo, não consta ajudar sua companheira no caso de um apuro. E, graças a essa carência, um de seus grandes confrontos de pensamentos foi conjugar todas as suas facetas na vida e tentar chegar a um todo: ser mãe, esposa, trabalhadora, dona de casa e zeladora dos mais velhos da família.

Com o passar dos anos, você percebeu que não dava conta e, se você o conseguiu, foi extenuada, porque ele nunca se envolveu na vida do lar de vocês. Você cuidou dos filhos de vocês e, agora também, dos pais de vocês: os seus e os dele. Chega! Seu corpo e sua mente dizem: "Basta"! Essa enorme carga de responsabilidade não era o que você havia previsto quando disse "sim, aceito" ou quando decidiram viver juntos. Nada foi como você esperava nem como dita a ética contida no artigo 1 566 do Código Civil. Então, aí você tem mais uma razão para devolver o que até agora foi seu homem.

4. **Realmente viveram juntos?** O e-mail de vocês era o mesmo. São patrões do mesmo lar. Parece que cumpriram o artigo 1 566, segundo o qual se presume que os cônjuges devem viver juntos. Mas o certo é que você sente simplesmente que vocês se sentam juntos no sofá da sala, sem dialogar ou ter qualquer tipo de cumplicidade. Seja porque vocês caíram derrotados graças às obrigações diárias de trabalho e família ou porque tenham descuidado do relacionamento, o certo é que vocês somente dividem a casa; você sente que não viveram juntos, que não estão unidos. Tem a sensação de que esteve sozinha estando acompanhada, e não há nada mais amargo do que isso. Dessa forma, além do anunciado no artigo 1 566, pode-se dizer que você já não encontra nenhuma razão para seguir compartilhando um domicílio com ele. Na verdade, vocês já estão separados. Devolvê-lo a seu lugar de origem é uma mera formalidade. Não deveria lhes custar muito, nem para você nem para ele.

5. **Vocês tomaram decisões de comum acordo?** O Código Civil é claro a respeito de que os cônjuges resolverão suas discrepâncias diante de um juiz. Agora que você medita sobre o fim da relação de vocês, vêm a sua cabeça as brigas contínuas por conta do lugar onde deveriam fixar a residência. Ele queria ir ao campo, e você queria ficar na cidade para ter à disposição bons colégios nos quais educar os filhos e bons hospitais onde atendê-los no caso de ficarem doentes. Ele queria viver em uma casa isolada, perdida na montanha, e você preferia um apartamento em um bom

bairro, bem sinalizado, tranquilo e seguro. Ele nunca esteve de acordo com o sacrifício que você teve de fazer em metros quadrados para viver na cidade e a fez pagar muito caro: ficou sempre mal-humorado, mostrando os dentes, castigando e recriminando sua decisão. Você teve de pagar um alto preço econômico e social, já que, por vingança, ele somente a ajudou a pagar os gastos do aluguel e, além disso, brigou com você dia sim, dia não. A relação de vocês foi cheia de tormentos desde o começo e, em geral, apenas existiram acordos em poucas coisas da vida cotidiana. Para que continuar com essa tortura? Aqui você tem outro motivo de peso que justifica sua devolução.

6. **Decidiram-se um pelo outro sem consentimento?** Outro artigo do Código Civil diz que nenhum dos cônjuges pode atribuir-se da representação do outro sem a permissão do mesmo. Mas seu companheiro ficou com as impertinências da época franciscana, segundo a qual uma mulher não podia ter sua própria conta bancária sem o consentimento do seu marido, entre outras tantas medidas de submissão. Talvez esse seja um exemplo exagerado, mas o caso é que você sabe que seu companheiro com frequência disse ou fez gestos em seu nome e sem lhe pedir permissão. Não foi nem é confiável, de forma que não a interessa retê-lo por mais tempo com você. E se um dia você estiver doente ou incapacitada e ele tiver de decidir pelo seu tratamento? Você acredita que pode confiar em alguém assim? Quanto antes ele estiver longe de sua vida, melhor para você e para sua segurança. Devolva-o o quanto antes. Nesse caso, tenha pressa.

Como você viu, as leis contêm vários artigos que são claros a respeito dos direitos e deveres dos cônjuges de um casamento civil. Se vocês vivem como casal ou são um casal de fato, provavelmente no começo lembraram-se de um código de conduta, implícito ou explícito, que ambos deveriam cumprir para que a convivência fosse satisfatória. E, se o enlace de vocês foi religioso, seja da religião que for, certamente vocês tiveram de cumprir normas similares às civis ou, inclusive, mais estritas que as aqui descritas. Ambos entraram em acordo que as cumpririam, fosse pelo compromisso que fosse. Mas você sente-se estafada. No final, você foi a única que cumpriu os acordos, e com extras. Ele escapou de todos. Dessa forma, você levou um produto defeituoso e ruim e, como já comprovou, tem poderosos argumentos para devolvê-lo. Razões não lhe faltam, agora, é preciso que não lhe falte a decisão.

Talvez você ainda não tenha chegado a esse grau de compromisso. Observe seu "possível futuro" e talvez você possa descobrir já pequenos desvios que, em alguns anos de convivência, darão razão ao que eu lhe disse. Melhor prevenir do que remediar; então, se seu homem demonstra maneiras de Homer.... pense duas vezes!

Se você está convencida, siga adiante

Se ficou claro para você que devolvê-lo a seu lugar de procedência é o melhor, então leve adiante essa irrevogável decisão. O primeiro passo, que é se autoconvencer mentalmente, você já deu. Agora você somente deve fixar uma data, o Dia D, e um lugar, o Lugar L, para o qual você gostaria de enviá-lo a fim de não voltar a vê-lo ou voltar somente em alguma ocasião específica. Isso depende de você. E dele, claro. Você não tem por que se mover e abandonar o que até agora foi o lar de vocês, especialmente se vocês tiverem tido filhos juntos, a não ser que você prefira ou que não haja mais remédio. Mantenha-se centralizada. Se até agora você foi a parte mais desfavorecida da relação de vocês, já é hora de mudar as marés e de você ser a rainha de sua casa, em vez de subordinada, de modo que deve pensar para onde enviá-lo.

E quem lhe diz para não abandonar seu apartamento, diz o mesmo a respeito do bairro, do grupo de amigos em comum ou do trabalho, se for o que vocês compartilham. Faça com que fique claro que ele é o que emigra. Somente ele estraga a paisagem e o ambiente no qual você conseguiu sentir-se cômoda e feliz. Por que perdê-los?

Onde devolvê-lo?

- **Ao apartamento dele:** Você é dessas sortudas que ficou com um tipo com muitos recursos. Graças à vida, ao trabalho de vocês ou à fortuna familiar, cada um tem um apartamento.

Sem dúvida, esse é o melhor dos cenários com o qual você pode se deparar. Sendo assim, convide-o a fazer as malas e a voltar para o lar do qual ele nunca deveria ter saído. Se não sabe conviver ou lhe desagrada o modo como ele convive com você, lembre-se – por mais usada que seja a frase – de que é melhor estar sozinha do que mal acompanhada.

- **À mãe:** O homem com o qual você se aliou e teve filhos só falta usar chupeta. Você tirou o manhoso de seu lar materno, onde sua mãe o mantinha muito mal acostumado, já que fazia por ele todos os trabalhos domésticos e ainda colocava chocolate em seu leite. Com sua educação machista, a mamãezinha fez o inútil com quem você teve de conviver todos esses anos. Em parte, ela é responsável pelo amante que você levou para casa, então, devolva-o e ela que o aproveite.

- **Aos amigões:** Em seu caso, você tem um homem jovem e inexperiente, desses que se casam porque precisam, mas continuam mentalmente ancorados na adolescência. Ele vivia com seus amigões e resistia a passar pelo altar ou pelos juízes, até que, um dia, depois de um ultimato, você o convenceu. Uma vez casados ou vivendo juntos, ele seguia comportando-se como se ainda vivesse com os colegas; deixando as cuecas jogadas em qualquer lugar depois de chegar em casa, suas roupas espalhadas pelo quarto de vocês, junto a latas de cerveja, saquinhos de doces abertos e comidos pela metade, caixas de cigarros, um livro lido pela metade, os papéis do escritório e outros objetos espalhados entre a cama e o chão. Ele tem os costumes de solteiro tão arraigados que, depois de tantos anos, é impossível abandonar o hábito de disseminar todos os seus pertences pela casa, apesar de seus gritos diários. Essa característica juvenil de seu companheiro ou marido destruiu a relação de vocês. Então agora é hora de enviá-lo de volta a seus amigos para eles esparramarem seu rastro de objetos nesse apartamento compartilhado por machões que não sabem respeitar nem manter a ordem dos espaços comuns.

- **À rua:** Se você o encontrou no metrô, no ônibus, em um café, em um bar ou em uma discoteca – enfim, na rua –, não tema em lhe dar patadas, fechar a porta e devolvê-lo a ela. Não é o momento de sofrer remorsos, especialmente se o apartamento for seu ou se você tem filhos sob sua responsabilidade e ele não pensa em compartilhar a custódia. Se ele não sabe fazer suas malas (talvez tenha delegado a você essa tarefa durante todo esse tempo), faça-as você mesma. Que este seja o último favor que você faz para ele. Tome as rédeas de sua casa e que ele tome as de sua vida na rua, onde você o encontrou. Não se preocupe demais, pois ele saberá cuidar de sua vida, como fez antes de estar com você e, se não, já é hora de que o faça. Você não acha?

- **A outra cidade ou país:** O sonho de toda mulher que decide se livrar do homem com o qual ela conviveu por anos e com o qual seu relacionamento fracassou é perdê-lo de vista. Quando você o expor à situação, sugira que regresse à cidade de origem. Essa separação geográfica pode ser muito sã para ambos: o melhor para iniciar uma nova etapa na vida dos dois. Se esse for o seu caso, levante as mãos para o céu, agradeça aos anjos, ou ao que for, já que não há nada mais incômodo do que se separar de alguém em uma cidade pequena ou um povoado e encontrá-lo em todas as partes. Assim não há quem consiga retomar a vida. Mas você, sim, pode. E para ele não será tão negativo, já que terá uma ocasião de ouro para reencontrar-se com seus amigos e familiares que deixou em sua cidade natal para viver com você.

- **A uma pensão ou hotel:** Você já viu isso em muitos filmes e, pelas ironias da vida, agora é a sua vez: você está pensando em enviar seu companheiro ou marido para dormir em uma pensão ou em um hotel (o equivalente ao motel que aparece nos filmes estadunidenses). Se lhe sobra dinheiro e você quer devolvê-lo ao grande mercado do mundo, pagar a primeira noite de uma pensão ou hotel é uma maneira honrosa de expulsá-lo de casa, uma alternativa muito melhor do que mandá-lo passear na rua com a cara e a coragem. Assim, ele terá tempo de pensar no que fazer de sua vida – buscar um apartamento alugado ou ligar para algum velho amigo que o readmita em seu apartamento – e muito pouco tempo para criticá-la, pois você terá se comportado como uma autêntica dama.

- **Ao mundo virtual:** Você o tirou de um chat. Vocês passavam longas horas grudados no computador. A princípio, tudo foi muito bem, mas, com o tempo, você se deu conta de que utilizou o chat somente para conhecer sua metade da laranja, em uma época concreta de sua vida na qual você buscava um par, enquanto ele seguiu permanentemente ligado ao mundo virtual e desconectado de sua companheira real. Por que você não o deixa e o envia de volta a esse universo alternativo na rede? Que continue se entretendo com a internet ou com o Second Life. Quando você proceder com essa devolução, o mais provável é que seja decepcionante, já que pode ser que ele nem se altere. Pegará seu notebook ou desconectará o computador de mesa de vocês e seguirá conversando por chat até encontrar outra vítima.

QUANDO RESISTE A SER DEVOLVIDO

Você está decidida. Devolverá seu homem ao universo, a esse grande mercado do mundo onde você o adquiriu. Logo, é uma decisão dele se vai colocar-se à venda ou não. Você fala isso para ele, e expõe as possíveis alternativas – lugares nos quais ele poderia ir viver – e, "oh, surpresa!", nada sai como você esperava. Esse cara, que parecia um conformista e para quem tudo estava bem, mostra-se ambíguo ao perder sua vida em comum com você, cheia de comodidades.

Você está comprovando por sua própria experiência que nem todos os homens reagem de forma igual ao escutar que a história em comum de vocês acabou e que você deseja devolvê-lo ao lugar onde o encontrou. Infelizmente, muitos não encaram isso tão bem e resistem à devolução. Ainda que às vezes eles nos pareçam simples, é fato que eles não são como máquinas, mas homens com personalidades mais ou menos fortes e que nos fazem ainda mais difícil a árdua tarefa de nos separar deles. Para nenhuma mulher é fácil ou agradável tomar essa decisão, muito menos levá-la adiante. Mas, em certas ocasiões, não há outro remédio. Sendo assim, identifique seu homem, preveja qual poderia ser sua reação e tente sair por cima da situação.

- **O preguiçoso.** É o típico homem que não sai nem a tiros. Coloca o despertador para uma hora antes do momento de se levantar e passa todo esse tempo fazendo-se de preguiçoso na cama e dando voltas. E não somente gruda nos lençóis; sempre que você pede um favor para ele, enrola-se como ninguém. Se você já o aguentou e agora chegou o momento de colocar um ponto final, não estranhe se ele pensar em colocar um ponto e vírgula. Diga que não existe o que valha a pena. Você enfrenta um claro exemplo de personalidade que necessita de um convite que o ajude a tomar a decisão. Talvez você deva dar de presente para ele essa noite de hotel que lhe sugeri ou você mesma deva fazer as malas. Faça o que for com o propósito de vencer o caminho e perdê-lo de vista.

- **O baladeiro.** Está adorando que você lhe proponha ir embora. Quando você disser, ele já estará na porta. Esse é dos viciados em baladas com seu amigões, nunca as abandonou enquanto vocês estiveram casados e nunca a levou com ele. Se você para e pensa, vê que apenas fez parte da diversão dele, e ele seguiu se divertindo muitíssimo sem você. Não se preocupe, geralmente o homem de perfil baladeiro e festeiro aceita fácil a separação para poder brindar a liberdade e seguir fazendo o que mais gosta: sair para festas e não assumir nenhuma responsabilidade.

- **O chantagista.** Esse é o típico que a surpreenderá com uma chantagem desagradável: "Se você me expulsar de casa, levo o cachorro, os móveis, as crianças, fico com o apartamento...". Deus sabe quantas barbaridades pode chegar a dizer-lhe. Fique de olho aberto. Diga que as chantagens não funcionam com você e que, quando estiver mais calmo, vocês falarão de tudo. Se ele não se acalmar, peça ajuda a um psicólogo ou à polícia. Não consinta que ele a ameace e marque o território.

- **O vítima.** Essa classe de homem destaca-se pelo choro e pela grande capacidade de fazer com que você se sinta a culpada e malvada da história, ainda que não seja verdade. Não se deixe envolver por seu jogo psicológico. Lembre-se de tudo o que ele lhe fez e deixou de fazer e que destruiu a relação de vocês. Não permita que seu pranto juvenil a faça mudar de decisão e, se ele persistir, diga que "vá chorar na casa de sua mãe ou com seus colegas". Devolva-o e, assim, tirará de cima de você um grande peso. Acredite em mim.

- **O leite estragado.** Quando você disser, ele irá falar alto, ter chiliques, os vizinhos escutarão, ele jogará a culpa em você gritando e usando palavrões, sem contar os insultos. Ele a tratará como já vinha tratando, mas com algo a mais de ruim, nada que lhe seja muito novo. Com ele será fácil, porque, sozinho, ele se retratará. Basta que você diga "vai, filho, e, se der chilique assim, que a sua mãe o aguente" ou "vai gritar na rua".

- **O chato.** É esse curioso tipo que não fez caso nem enquanto, aparentemente, tudo ia bem entre vocês, mas que, quando você lhe mostra a ideia da separação, não deixa de pedir-lhe desculpas de mil maneiras, de dizer o quão errado ele esteve e de implorar que você lhe dê uma segunda oportunidade. Uma pena que ele tenha se esquecido de um pequeno detalhe: seu pedido chega tarde demais, você já está farta, não pode aguentar mais e somente conta as horas para que ele passe pela porta e suma. Diante do chato, não ceda. Mantenha sua decisão. Se você já não sente nada por ele e está cansada de seu relacionamento, não fará nada além de alongar sua agonia.

- **O vizinho.** O perfil "vizinho" corresponde a esses autênticos pesos que aceitam a separação, mas são incapazes de distanciar-se e instalam-se para viver no mesmo bairro que a ex. Não a procurará nem a incomodará deliberadamente, mas é capaz de refazer sua vida diante de seu nariz e saturá-la. Você o encontrará no supermercado, na fila do pão, no correio, comprando o jornal e nas lojinhas do bairro quando seu único desejo é perdê-lo de vista. Nesse caso, por sua saúde mental, talvez o mais prático seja devolvê-lo às origens, mas que você também se distancie do bairro.

- **O "rodeador".** Esse tipo é a pior variante do "vizinho", já que este você encontra por acaso nos comércios do bairro, enquanto o "rodeador" sai para encontrá-la para que você veja o quão bem ele está. E, se não está, vai inventar. É capaz de ir tão baixo que pode se juntar a uma amiga ou contratar uma acompanhante e esperar o momento que você saia para cruzar com eles. Patético! Mas também muito incômodo. Também nesse caso, se a incomoda, peça ajuda psicológica e legal.

- **O perfeccionista.** É outra modalidade do chato. Você diz a ele que vá embora e, ainda que não goste, ele aceita e comenta que o fará, mas que antes tem de pegar suas coisas e isso levará alguns dias. Amiga, não permita que ele balance e prolongue a situação que, para você, já está sendo longa demais. Ele sempre foi meticuloso e necessita dobrar e passar bem todas as suas roupas e guardá-las em perfeita ordem nas malas; ele passará dias e dias guardando todos os livros e material de despejo em caixas e caixas, e, ainda, irá reorganizando as coisas da casa. Não consinta. Você ficará com os nervos à flor da pele. Pelo seu bem, pergunte para qual endereço ele vai e envie todas as coisas para lá. Ele se arrumará sozinho. Que a deixe tranquila!

- **O cavalheiro.** É o único tipo ao qual lhe custará devolver ao seu lugar de origem. Sempre se comportou bem com você, melhorou notavelmente e vocês se davam muito bem. O único problema que aconteceu é que a relação de vocês se desgastou, e você deixou de desejá-lo apaixonadamente. Ele converteu-se em um amigo e deixou de ser um amante. Mas ele é tão correto que, quando chega o momento, você se enche de todos os tipos de dúvida. Não duvide. Devolva-o. Pode ser seu amigo, mas não seu companheiro. Lembre-se: não cumpre a função para a qual você o buscou no grande mercado do mundo e pela qual você o adquiriu.

A substituição

Você conseguiu devolver o seu até então companheiro e esposo à origem, ao mundo, ao universo, à virtualidade, onde quer que seja e como você quiser chamar. Como se falava em uma propaganda da televisão espanhola de uns anos atrás: "Busque, compare e, se encontrar algo melhor, compre-o". A devolução de um tipo que não nos funcionou não significa que não possamos fazer com que outro funcione, então... prossigamos!

Repasse as páginas da imprensa cor-de-rosa e as biografias dos famosos. Todos conseguem refazer a vida. Atrás de um marido chega o outro e, se não, que o perguntem à atriz Elizabeth Taylor, que chegou a casar-se oito vezes durante sua vida. Nunca a frase "ninguém é insubstituível" esteve tão certa. Faça-a, interiorize-a. Não é preciso ser famosa e ter dinheiro nem viver em um mundo de glamour para conhecer outro companheiro ou marido. Nosso mundo é grande e generoso, e cada vez existem mais pessoas que o habitam. Por que não vai haver um substituto para você? Você já devolveu o seu. Sempre existem produtos de segunda mão que não nos servem mais e que servem a outro. Com os homens, se você olhar, acontece o mesmo.

Imagine o mundo como um grande caleidoscópio no qual as pessoas são as bolinhas e as figurinhas coloridas que vão se unindo e se separando, conforme se movem. Assim acontece na realidade. Saia ao grande bazar de gente, de todas as raças, culturas, idades e mentalidades que você possa imaginar, ande por ele e, quando menos esperar, encontrará outro homem adequado. Quando o encontrar, tome-o. Não duvide. E aplique desde o começo todos os conselhos que lhe dei. Não deixe que seu relacionamento se vicie desde o princípio. Aposte em uma relação sã, equilibrada e enriquecedora.

Devolver o homem ao mundo onde você o encontrou ou ao qual você o foi buscar não é um fracasso, mas, sim, uma oportunidade, um ponto de partida para renascer em uma nova vida. Como dizia o pintor francês do século XIX, Édouard Manet, "Se der, deu. Se não deu, deve-se voltar a começar. Todo o restante é fantasia", de modo que você não resista à mudança nem à substituição de companheiro. Lembre-se de que há somente uma coisa que não muda na vida: a mudança. E pense segundo o catedrático de psiquiatria espanhol Enrique Rojas: "É grande ver um homem [leia-se aqui: 'e mulher'] crescer diante do fracasso e começar de novo". Abra-se para a vida e, quando menos esperar, aparecerá esse homem maravilhoso que se encaixa perfeitamente nela, que não a diminuirá, mas sim somará. Com um pouco de sorte, e se você aplicar os conselhos que lhe dei, você não encontrará um sapo e não terá de devolvê-lo!

Este livro foi composto nas fontes Adobe Garamond Pro, Times
e Gotham Bold, e impresso em papel Offset 70 g/m² na Imprensa da Fé.